Autor John Woodward

Fachliche Beratung
Dr George McGavin

SUPER INSEKTEN

INHALT

ERFOLGSSTORY	6
GLIEDERFÜSSER	8
GROSSE VIELFALT	10
IN BEWEGUNG	12
LEBENSZYKLUS	16

KÖRPERBAU 18

Bombardierkäfer	20
Tausendfüßer	22
Riesenvogelspinne	24
Morphofalter	26
Weberknecht	28
Riesenweta	30
Königin-Alexandra-Vogelflügler	32
Wasserläufer	34
Leuchtkäfer	36
Wandelndes Blatt	40
Riesenstabschrecke	42
Honigtopfameisen	44
Nachtpfauenauge	46
Herkuleskäfer	48
Riesenläufer	52
Waldgeist	54
Stielaugenfliege	56
Geißelskorpion	58
Hornissen-Glasflügler	60
Haselnussbohrer	62
Gespenstlaufkäfer	64
Zwergwespe	66
Schwärmer	68
Blatthornkäfer	70

BESONDERE FÄHIGKEITEN 72

Monarchfalter	74
Schaumzikade	76
Schwebfliege	78
Springspinne	80
Taubenschwänzchen	84
Spinnenläufer	86
Sandlaufkäfer	88
Bärtierchen	92
Hummel	94
Maulwurfsgrille	96
Große Winkelspinne	98

GESCHICKTE JÄGER 102

Kescherspinne	104
Stummelfüßer	106
Raubfliege	108
Radnetzspinne	110
Orchideenmantis	114
Bienen-Raubwanze	116
Falltürspinne	118
Schlupfwespe	120
Veränderliche Krabbenspinne	122
Tarantulafalke	124
Große Königslibelle	126
Speispinne	130
Gelbrandkäfer	132
Schnappkieferameise	134
Kaiserskorpion	136

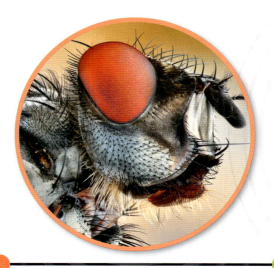

LÄSTIG UND GEFÄHRLICH 138

Stubenfliege	140
Schneckenspinnerraupe	142
Zecke	144
Sydney-Trichternetzspinne	146
Anophelesmücke	148
Raubwanze	150
Schaben	152

LEBENSWEISE 154

Goldwespe	156
Totengräber	158
Mistkäfer	160
Plattkäfer	162
Termiten	164
Erbsenblattlaus	168
Honigbiene	170
Nebeltrinker-Käfer	174
Wasserspinne	176
Wiesenknopf-Ameisenbläuling	178
Seidenspinnerraupe	180
Treiberameisen	182
Feldwespen	184
Blattschneiderameisen	188
Wüstenheuschrecke	190
Wolfspinne	194
Eintagsfliege	196
Periodische Zikade	198
Riesenwanze	202
Glossar	204
Register	206
Dank und Bildnachweis	208

Lektorat Paula Regan, Shaila Brown, Ann Baggaley, Andrea Mills, Andrew Macintyre, Liz Wheeler, Jonathan Metcalf
Gestaltung und Bildredaktion Karen Self, Owen Peyton Jones, Smiljka Surla, Stuart Jackman, Tessa Jordens, Tannishtha Chakraborty, Samantha Richiardi, Harish Aggarwal, Taiyaba Khatoon, Sakshi Saluja
Herstellung Mary Slater, Jacqueline Street
Umschlaggestaltung Mark Cavanagh, Suhita Dharamjit, Claire Gell, Sophia MTT
Illustrationen Arran Lewis

Für die deutsche Ausgabe:
Programmleitung Monika Schlitzer
Redaktionsleitung Martina Glöde
Projektbetreuung Sebastian Twardokus
Herstellungsleitung Dorothee Whittaker
Herstellungskoordination Katharina Schäfer
Herstellung Inga Reinke

Titel der englischen Originalausgabe:
Superbugs

© Dorling Kindersley Limited, London, 2016
Ein Unternehmen der
Penguin Random House Group
Alle Rechte vorbehalten

© der deutschsprachigen Ausgabe by
Dorling Kindersley Verlag GmbH, München, 2017
Alle deutschsprachigen Rechte vorbehalten

Jegliche – auch auszugsweise – Verwertung, Wiedergabe, Vervielfältigung oder Speicherung, ob elektronisch, mechanisch, durch Fotokopie oder Aufzeichnung, bedarf der vorherigen schriftlichen Genehmigung durch den Verlag.

Übersetzung Eva Sixt
Lektorat Hans Kaiser

ISBN 978-3-8310-3211-2

Druck und Bindung Leo Paper Products, China

Besuchen Sie uns im Internet
www.dorlingkindersley.de

ERFOLGSSTORY

Auf der Erde leben unzählige Tiere, die sich in Aussehen und Größe erheblich unterscheiden. Die großen Säugetiere, Vögel, Reptilien, Amphibien und Fische sind kaum zu übersehen. Es gibt jedoch auch zahlreiche kleinere Tiere. Spinnen und Insekten sind winzig, zählen aber zu den erfolgreichsten Tiergruppen der Erde. So waren Insekten die ersten Tiere, die Flügel ausbildeten und sich in die Luft erhoben. Auf diese Weise entkamen sie ihren Feinden und besiedelten neue Gebiete.

VERSTEINERUNGEN

Manche Insekten und Spinnen sind als Versteinerungen erhalten geblieben. Man kann erkennen, dass sich diese Tiergruppen im Lauf der Jahrmillionen kaum verändert haben. Insekten lebten bereits lange vor den Dinosauriern auf der Erde. Und anders als die Urzeitriesen gibt es sie noch heute.

Urzeitliche Libelle

Diese erstaunlich gut erhaltene versteinerte Libelle hat man in China gefunden. Vor 130 Millionen Jahren schwirrte sie um die Köpfe der Dinosaurier. Sie sieht fast genauso aus wie die Libellen, die heute auf der Erde leben.

Der Körperbau der Spinnen hat sich kaum verändert.

BERNSTEIN

In dem klebrigen Harz, das vor sehr langer Zeit unter der Rinde von Bäumen hervorquoll, verfingen sich manchmal kleine Tiere. Im Laufe der Zeit verwandelte sich das Harz zu hartem Bernstein, in dem diese Insekten eingeschlossen sind. Beine, Flügel und sogar die Organe sind noch zu erkennen. Daher wissen wir, dass sich alle großen Insektengruppen bereits vor etwa 90 Millionen Jahren entwickelt hatten.

Durchsichtiges Grab

Jedes Detail dieser Spinne ist im Bernstein erhalten. Weil Bernstein durchsichtig ist, können Wissenschaftler die Merkmale des Tiers erkennen und sie mit denen heute lebender Spinnen vergleichen.

UNVERZICHTBAR

Viele Menschen finden Insekten eklig und manche haben sogar Angst vor ihnen. Es stimmt zwar, dass manche Insekten beißen, stechen oder Krankheitserreger übertragen. Aber sie sind seit Jahrmillionen die Nahrung anderer Tiere wie diesem Bienenfresser. Außerdem bestäuben Insekten Blüten. Ohne sie würden viele unserer Nutzpflanzen keine Früchte tragen.

Die Flügel dieser urzeitlichen Libelle sind genauso geädert wie die Flügel heute lebender Libellen.

WUNDERBARE INSEKTENWELT

Viele Insekten und Spinnen schillern in bunten Farben. Ihre robusten Außenskelette sind oft merkwürdig geformt. Manche dieser Tiere sind winzig, andere verblüffend groß. Viele haben eine erstaunliche Lebensweise. Einige Arten können dem Menschen aber auch gefährlich werden.

ALS VOGELKOT GETARNT
Diese tropische Spinne sieht aus wie Vogelkot. Das ist eine gute Tarnung, denn hungrigen Vögeln vergeht der Appetit.

BUNTE BUCKELZIRPEN
Bei dieser Buckelzirpenart sind die erwachsenen Insekten (links) und auch die Larven auffallend bunt gefärbt.

SCHLEHENSPINNERRAUPEN
Wie die meisten Insekten kann sich der Schlehenspinner schnell vermehren. Das Weibchen legt Hunderte von Eiern.

GIRAFFENHALSKÄFER
Manche Insekten, wie Giraffenhalskäfer-Männchen, locken mit ungewöhnlichen Merkmalen Partnerinnen an.

GLIEDERFÜSSER

97 Prozent aller Tierarten der Erde gehören zu den wirbellosen Tieren. Sie besitzen keine Wirbelsäule und kein Skelett aus Knochen. Manche wie die Würmer haben einen weichen Körper. Gliederfüßer, zu denen die Insekten, Spinnen und Tausendfüßer gehören, besitzen dagegen ein robustes Außenskelett und gegliederte Beine.

KÖRPER EINER WESPE

Diese Gemeine Wespe gehört zu den Insekten, der größten Gruppe der Gliederfüßer. Bei allen erwachsenen Insekten ist der Körper in drei Abschnitte unterteilt. Sie besitzen drei Bein- und meistens zwei Flügelpaare. Die inneren Organe haben ähnliche Aufgaben wie bei allen Tieren. Wespen haben zudem einen Giftstachel.

Körperabschnitte

Der Körper einer Wespe ist in drei Abschnitte unterteilt: Kopf, Brust und Hinterleib. Im und am Kopf befinden sich das Gehirn und die Sinnesorgane. An der Brust setzen Beine und Flügel an. Im Hinterleib liegen das Herz und die Eingeweide.

Ein Netz aus Adern verstärkt die zarten Flügel.

Die meisten erwachsenen Insekten besitzen Flügel aus Chitin. Das gesamte Außenskelett besteht ebenfalls aus diesem Stoff.

Im Kropf speichert die Wespe Nahrung, die noch nicht völlig verdaut ist.

Das röhrenförmige Herz pumpt die Blutflüssigkeit durch den Körper.

Malpighi-Gefäße filtern Abfallstoffe und überschüssiges Wasser aus der Blutflüssigkeit und befördern beides aus dem Körper.

Giftdrüse

Ein Netz aus Nervensträngen überträgt Signale und ist mit dem Gehirn verbunden.

Im Mitteldarm werden die Nährstoffe aus der Nahrung aufgenommen.

Stachel

In der Giftblase wird Gift gespeichert, das in einer Drüse gebildet wurde.

HINTERLEIB

AUGEN UND MUNDWERKZEUGE

Genau wie wir müssen sich Insekten und andere wirbellose Tiere in ihrer Umwelt orientieren und Nahrung finden. Sie haben dazu unterschiedliche Hilfswerkzeuge.

RIESIGE KOMPLEXAUGEN

Erwachsene Insekten haben Komplexaugen, die aus vielen kleinen Einzelaugen zusammengesetzt sind. Auf der Stirn hat diese Art noch drei einfache Punktaugen.

GEFÄHRLICHE KIEFERKLAUEN

Gliederfüßer besitzen Mundwerkzeuge, die unterschiedlich gebaut sein können. Diese Spinne hat kräftige Kieferklauen, mit denen sie ihrer Beute Gift einspritzt.

Gliederfüßer findet man in nahezu allen Lebensräumen der Erde.

AUSSENSKELETT

Das Außenskelett schützt die weichen Gewebe und Organe. Es besteht vor allem aus dem robusten Stoff Chitin. Bewegliche Gelenke verbinden die Chitinplatten miteinander. Das Außenskelett ist Wasser abweisend und verhindert, dass die Körperflüssigkeit verdunstet. Daher können viele Insekten und Spinnen in der Wüste leben, anders als etwa weichhäutige Schnecken.

Der robuste Panzer besteht aus Chitin.

Das Außenskelett bedeckt den ganzen Körper.

Oberseite — **Unterseite**

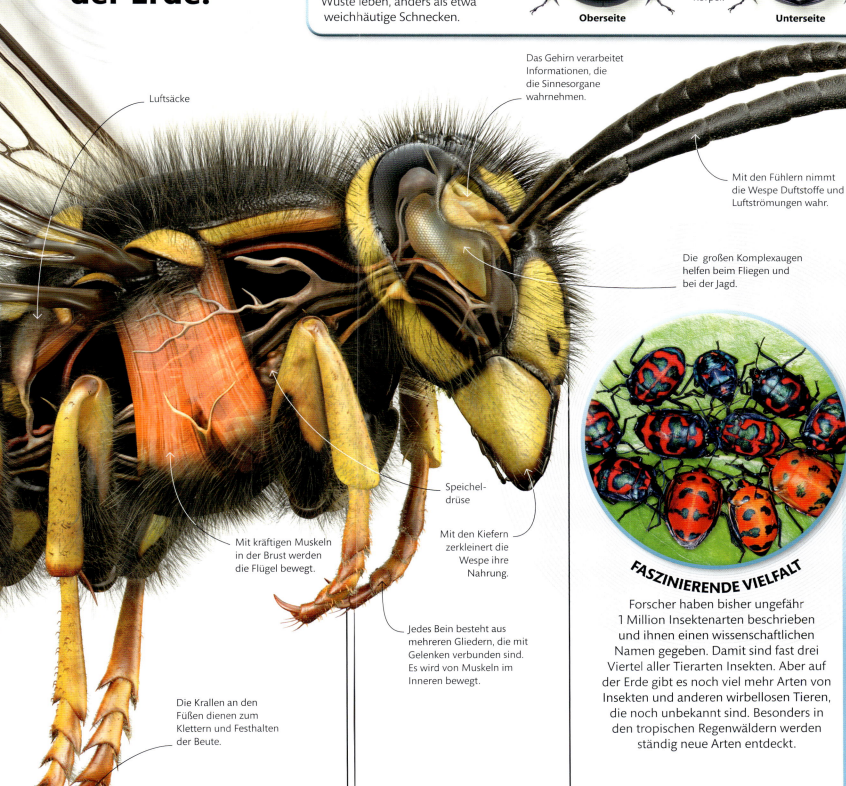

Luftsäcke

Das Gehirn verarbeitet Informationen, die die Sinnesorgane wahrnehmen.

Mit den Fühlern nimmt die Wespe Duftstoffe und Luftströmungen wahr.

Die großen Komplexaugen helfen beim Fliegen und bei der Jagd.

Mit kräftigen Muskeln in der Brust werden die Flügel bewegt.

Speicheldrüse

Mit den Kiefern zerkleinert die Wespe ihre Nahrung.

Jedes Bein besteht aus mehreren Gliedern, die mit Gelenken verbunden sind. Es wird von Muskeln im Inneren bewegt.

Die Krallen an den Füßen dienen zum Klettern und Festhalten der Beute.

BRUST — **KOPF**

FASZINIERENDE VIELFALT

Forscher haben bisher ungefähr 1 Million Insektenarten beschrieben und ihnen einen wissenschaftlichen Namen gegeben. Damit sind fast drei Viertel aller Tierarten Insekten. Aber auf der Erde gibt es noch viel mehr Arten von Insekten und anderen wirbellosen Tieren, die noch unbekannt sind. Besonders in den tropischen Regenwäldern werden ständig neue Arten entdeckt.

EINFÜHRUNG

GROSSE VIELFALT

Die Gliederfüßer kann man in verschiedene Gruppen unterteilen. Alle haben einen gegliederten Körper, aber die Anzahl der Körperabschnitte und Beinpaare ist unterschiedlich. Hundert- und Tausendfüßer haben z. B. sehr viele Beine, Spinnentiere immer acht und Insekten sechs Beine.

80 Prozent aller bekannten Tierarten sind Gliederfüßer.

KREBSTIERE

Viele Krebstiere wie Garnelen und Hummer leben im Meer. Andere kommen in Süßgewässern vor. Asseln leben im Wasser oder in feuchten Lebensräumen an Land. Krebstiere haben eine unterschiedliche Anzahl von Beinen.

ETWA 67000 BEKANNTE ARTEN

LANDASSEL

MYRIAPODEN

Zu dieser Gruppe gehören die Hundert- und Tausendfüßer. Der Körper besteht aus vielen Segmenten. Ein Hundertfüßer besitzt an jedem Segment ein Beinpaar, ein Tausendfüßer zwei. Hundertfüßer sind schnelle Jäger mit einer Giftklaue, Tausendfüßer Pflanzenfresser.

ETWA 13000 BEKANNTE ARTEN

ASIATISCHER TAUSENDFÜSSER

DICKKIEFERSPINNE

SPINNEN

Spinnen sind achtbeinige Gliederfüßer, die keine Flügel besitzen. Die meisten Arten erbeuten Insekten und weben Fangnetze aus Seidenfäden. Der Körper ist in zwei Abschnitte unterteilt. Spinnen töten ihre Beute mit Gift. Einige wenige Arten können für Menschen gefährlich werden.

ETWA 46000 BEKANNTE ARTEN

ETWA
1750
BEKANNTE ARTEN

SKORPIONE

Skorpione gehören zu den Spinnentieren. Mit ihren kräftigen Scheren packen sie ihre Beute. Am Ende des beweglichen Schwanzes sitzt ein Giftstachel, mit dem sie sich verteidigen oder ihre Beute töten.

GEISSEL-
SKORPION

ROTSCHEREN-
RIESENSKORPION

ANDERE SPINNENTIERE

Zu den Spinnentieren gehören auch die Walzenspinnen, Weberknechte, Geißelskorpione, Milben und Zecken. Die großen, gefährlich aussehenden Geißelskorpione und Walzenspinnen sind harmlos. Die kleinen Zecken saugen Blut, einige können gefährliche Krankheiten übertragen.

ETWA
96.000
BEKANNTE ARTEN

PRACHTKÄFER

INSEKTEN

Die Insekten bilden die größte Gruppe der Gliederfüßer. Zwar gibt es ganz verschiedene Arten, aber alle haben sechs Beine, wenn sie ausgewachsen sind, und die meisten zwei Flügelpaare. Manche stechen und einige übertragen dabei Krankheitserreger. Viele Arten sind aber auch sehr nützlich.

ETWA
990000
BEKANNTE ARTEN

Es gibt noch etwa 10 Millionen unbekannte Insektenarten.

IN BEWEGUNG

Die meisten Gliederfüßer haben mindestens sechs Beine. Manche Insektenlarven besitzen jedoch noch keine Beine und bewegen sich ähnlich wie Würmer kriechend fort. Andere Larven leben in Teichen und Bächen und können schwimmen. Heuschrecken und Flöhe dagegen machen weite Sprünge. Manche Spinnen und Insekten können sogar auf der Wasseroberfläche laufen. Insekten waren die ersten Tiere, die Flügel ausbildeten. Viele von ihnen sind Meisterflieger.

Ab in die Luft!
Der Maikäfer wirkt etwas plump. Man würde kaum erwarten, dass er sehr gut fliegen kann. Seine robusten Deckflügel (Elytren) bedecken ein Paar großer, zarter Flügel, mit denen er sich in die Lüfte erheben kann.

Die ausgebreiteten Deckflügel sorgen wie die Tragflächen eines Flugzeugs für zusätzlichen Auftrieb.

Adern stabilisieren die Flügel und sorgen dafür, dass sie trotzdem elastisch bleiben.

Der Maikäfer hat ein Gelenk in jedem Flügel, sodass er ihn bei der Landung unter den Deckflügel einfalten kann.

Die durchsichtigen Flügel sind dünne Gebilde aus zwei Lagen Chitin.

Dieser Käfer wird gleich landen. Wenn er fliegt sind seine Beine angelegt.

EIN KÄFER HEBT AB

Die meisten Insekten besitzen zwei Flügelpaare. Käfer setzen nur das hintere Flügelpaar zum Fliegen ein. Wenn sie es nicht brauchen, falten sie es unter den harten Deckflügeln zusammen. Dann können sie im Gras oder Laub krabbeln, ohne ihre Flügel zu beschädigen. Käfer brauchen nur 1 Sekunde, um die Flügel zu entfalten und abzuheben!

Achtung . . .
Bevor der Käfer abhebt, öffnet er die Deckflügel, die seine hinteren Flügel bedecken. Bei Kälte zittern manche Insekten mit der Flugmuskulatur, um sich aufzuwärmen.

Fertig . . .
Die Deckflügel sind ausgebreitet. Nun kann der Käfer die großen hinteren Flügel entfalten. Mit seinen Fühlern prüft er die Luftströmungen.

Los!
Der Maikäfer stößt sich mit den Hinterbeinen ab. Mit den hinteren Flügeln verschafft er sich Antrieb und die Deckflügel sorgen für zusätzlichen Auftrieb.

HÜPFEN
Käfer krabbeln und springen. Manche sind sehr schnell, andere ziemlich langsam. Eine Heuschrecke kann sich mit ihren kräftigen Beinmuskeln in die Luft katapultieren und 20-mal so weit springen, wie ihr Körper lang ist.

Die Heuschrecke streckt ihre langen Hinterbeine und schnellt in die Luft.

Insekten flogen schon 150 Millionen Jahre vor den ersten Vögeln.

SCHWIMMEN
Einige erwachsene Insekten und viele Insektenlarven leben im Wasser. Manche wie die Libellenlarven halten sich am Grund auf. Sie stoßen Wasser aus ihrem Hinterleib aus, um sich nach vorn zu katapultieren. Diese Ruderwanze ist eine besonders gute Schwimmerin.

Die Fühler des Maikäfers bestehen bei Weibchen aus sechs, bei Männchen aus sieben Blättchen.

Die Ruderwanze setzt ihre langen hinteren Beine wie Ruder ein.

In der Brust befindet sich die Flugmuskulatur, mit der die Flügel bewegt werden.

KRIECHEN
Die Spannerraupe bewegt sich ungewöhnlich fort. Sie hält sich mit ihren vorderen Beinen fest und zieht ihren Hinterleib nach, sodass ihr Körper eine Schlaufe bildet. Dann hält sie sich mit den hinteren Bauchbeinen fest und streckt den Vorderkörper, um den nächsten „Schritt" zu machen.

In der Mitte des Körpers hat die Raupe keine Beine.

EINFÜHRUNG

13

JAGD AUF DEM WASSER

Fast alle Insekten und Spinnen sind klein. Deshalb können sie sich anders fortbewegen als größere, schwerere Tiere. Diese Jagdspinne kann auf der Wasseroberfläche laufen. Die Oberflächenspannung erzeugt auf dem Wasser einen Film. Er trägt die Spinne, denn ihr Körper ist mit Wasser abweisenden Haaren bedeckt. Die Jägerin nimmt Wellen ertrinkender Insekten wahr, eilt herbei und tötet sie mit ihrem Gift.

LEBENSZYKLUS

Das Außenskelett kann sich nicht mitdehnen, wenn ein Tier wächst. Deshalb müssen sich Insekten und Spinnen häuten. Die alte Haut springt auf und darunter erscheint eine neue, die noch weich ist. Dieser Prozess ist kompliziert und gefährlich, denn mit der weichen Haut ist das Tier verletzlich. Viele Arten häuten sich in einem Versteck.

JUNGE SKORPIONE

Die meisten Tiere sehen aus wie kleine Ausgaben ihrer Eltern, wenn sie zur Welt kommen. Allmählich werden sie größer. Auch bei vielen Gliederfüßern ist das so. Wenn kleine Skorpione und Spinnen schlüpfen, sehen sie fast genauso aus wie ihre Mütter und haben bereits acht Beine. Das Häuten ist deshalb eine schwierige Angelegenheit.

Skorpion-Mutter
Die frisch geschlüpften kleinen Skorpione sind auf dem Rücken ihrer Mutter vor Feinden sicher.

Jeder kleine Skorpion hat acht Beine, ein Paar Scheren und einen Stachel.

GEFÄHRLICHE LEBENSPHASE

Ein Gliederfüßer muss sein Außenskelett abwerfen und durch ein neues ersetzen, wenn er wächst. Die alte Haut reißt auf und wird abgestreift. Dann muss Luft oder Körperflüssigkeit in die neue, weiche Haut gepumpt werden, um sie zu weiten. Es dauert etwa zwei Stunden, bis das neue Außenskelett hart ist. Das Tier ist in dieser Zeit sehr verletzlich und angreifbar.

Nach der vierten Häutung hat die Wüstenheuschrecke Flügelknospen.

VOLLSTÄNDIGE VERWANDLUNG

Bei Schmetterlingen, Fliegen und vielen anderen Insekten sehen die Larven aus wie kleine Würmer. Deshalb können sie ihr Außenskelett leicht abstreifen. Die meiste Zeit verbringen sie, um zu fressen. Schließlich verpuppen sie sich und verwandeln sich zum geflügelten erwachsenen Insekt.

Die ausgewachsene Raupe heftet sich mit Seide an einen Zweig.

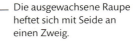

Stadium 1: Das Ei
Ein Schmetterling hat einen Lebenszyklus mit vier Stadien. Zunächst legt das Weibchen ein winziges Ei auf einer bestimmten Pflanze ab. Der amerikanische Monarchfalter z. B. legt seine Eier auf Seidenpflanzen ab.

Stadium 2: Die Raupe
Aus dem Ei schlüpft eine winzige Raupe. Sie verspeist ihre eigene Eihülle, bevor sie sich über die Seidenpflanze hermacht. Sie frisst und frisst und wird immer größer. Bis sie ausgewachsen ist, häutet sie sich mehrere Male.

Stadium 3: Die Puppe
Wenn die Raupe ausgewachsen ist, frisst sie nichts mehr und häutet sich zu einer Puppe. In der Puppenhülle verwandelt sich der Körper der Raupe in den des Schmetterlings. Das dauert etwa zwei Wochen.

Unter der aufgeplatzten Haut der Raupe erscheint die grüne Puppenhülle.

Spinnen-Häutung

Eine Spinne muss ihr Außenskelett immer wieder abwerfen, wenn sie wächst. Jedes Mal muss sie jedes Körperteil herausziehen und aufpassen, dass die neue, weiche Haut nicht verletzt wird oder ein Bein bricht. Das ist nicht einfach, und viele Spinnen sterben bei der Häutung.

Schritt für Schritt

Skorpione und Spinnen verändern sich kaum, während sie wachsen. Manche Insekten dagegen ändern ihre Gestalt, wenn sie größer werden. Eine Heuschrecke zum Beispiel bildet Flügel aus. Erst nach der letzten Häutung sind sie vollständig entwickelt.

Das Außenskelett ist noch so weich, dass die Spinne nicht laufen kann.

UNTERSCHIEDLICHE LEBENSWEISE

Heuschrecken beginnen ihr Leben als Larve. Sie sehen ähnlich aus wie die erwachsenen Heuschrecken und haben eine ähnliche Lebensweise, können aber noch nicht fliegen. Bei vielen Insekten haben die Larven eine andere Art zu leben als die erwachsenen Tiere. Eine Libellenlarve lebt im Wasser. Schließlich klettert sie an Land und häutet sich ein letztes Mal zur erwachsenen Libelle mit Flügeln.

Die Puppe wird kürzer und die schützende Puppenhülle härter und durchsichtiger.

Die Puppenhülle springt auf und der erwachsene Schmetterling schlüpft.

Unter der Puppenhülle sind die Flügel bereits sichtbar.

Stadium 4: Der Schmetterling

Wenn sich der Schmetterlingskörper in der Puppe entwickelt hat, springt die Puppenhülle auf. Der Monarchfalter schlüpft und entfaltet seine Flügel. Er häutet sich nun nicht mehr.

Zunächst sieht der Körper im Verhältnis zu den Flügeln zu dick aus, aber bald verändert sich die Form.

Blutflüssigkeit wird in die Flügel gepumpt, sodass sie sich entfalten. Der Schmetterling kann nun losfliegen.

EINFÜHRUNG

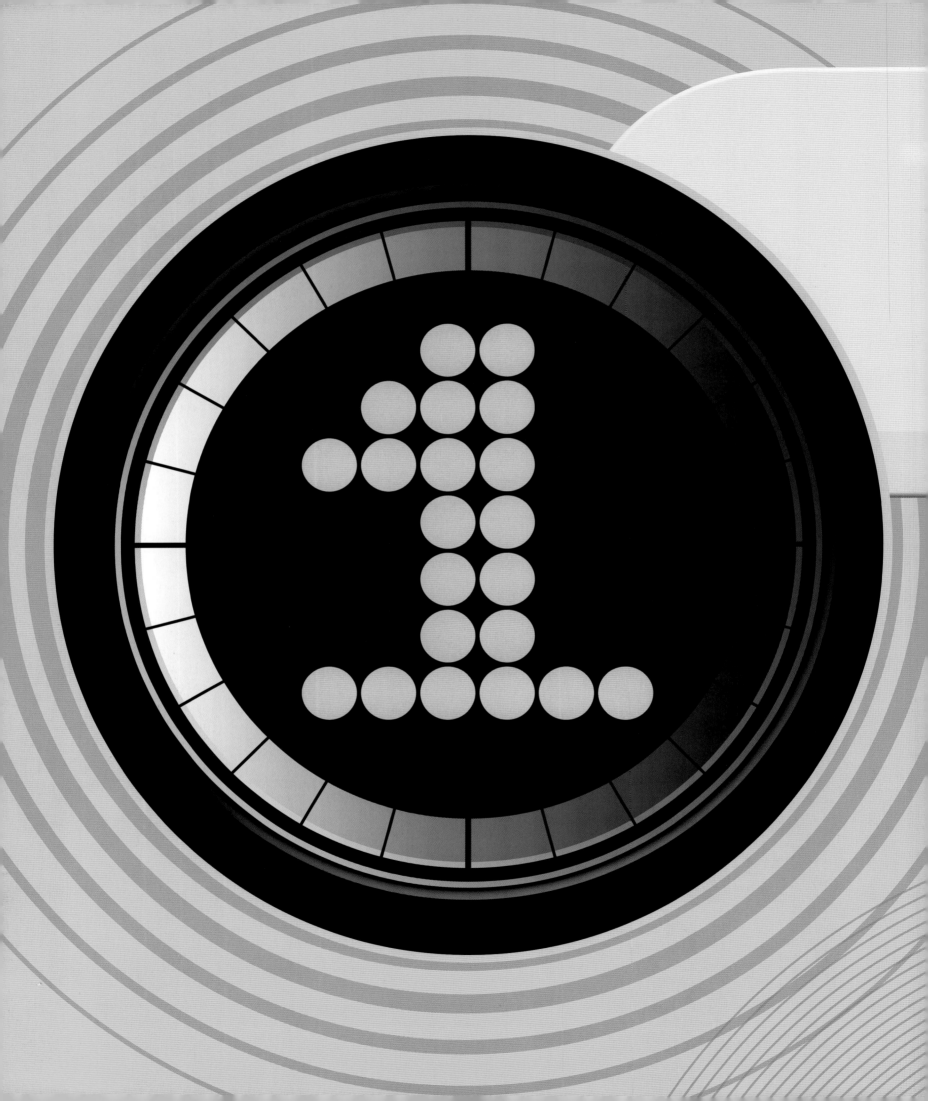

KÖRPERBAU

Insekten, Spinnen und andere Gliederfüßer sind zwar klein, aber wenn man sie genauer betrachtet, entdeckt man, wie faszinierend sie sind. Viele haben eine sehr merkwürdige Gestalt und sich auf erstaunliche Art und Weise an ihre Umgebung anpasst. Während manche Arten gut getarnt sind, funkeln andere wie Edelsteine.

GEFÄHRLICHE FEUERWAFFE
BOMBARDIERKÄFER

Der Afrikanische Bombardierkäfer sieht zwar harmlos aus, aber er besitzt eine Geheimwaffe. Mit seinem Hinterleib kann er Angreifern eine heiße, giftige Flüssigkeit entgegensprühen. Der Gegner hat nicht nur Schmerzen, sondern er bekommt auch Brandblasen. Der Käfer zielt genau, um den Feind an seiner empfindlichsten Stelle zu treffen.

CHEMISCHE ABWEHR

In der Hinterleibsspitze befinden sich zwei muskulöse Kammern, in denen Chemikalien gespeichert werden. Der Käfer kann sie in zwei Explosionskammern pressen. Hier vermischen sie sich mit einem Enzym, das eine chemische Reaktion auslöst. Wenn der Käfer das heiße Gemisch mit seiner schwenkbaren Düse versprüht, kann man einen Knall hören.

Wie bei fast allen Käfern sind die Vorderflügel zu robusten Deckflügeln umgebildet.

Chemikalien werden in Kammern gespeichert.

Beide Stoffe werden in die Explosionskammer gepresst.

Eine Drüse bildet die Chemikalien.

Die Kammerwände geben ein Enzym ab. Die Chemikalien explodieren.

Die Mischung wird mit der Düse versprüht.

In zwei Säcken befinden sich Chemikalien: Hydrochinon und Wasserstoffperoxid.

Die Explosionskammern bestehen vor allem aus Chitin, demselben Material, aus dem auch das Außenskelett der Insekten besteht.

WIRKLICH ERSTAUNLICH!

ETWA 500 ARTEN
Bombardierkäfer kommen in vielen Teilen der Erde vor. Sie verteidigen sich auf ungewöhnlich explosive Weise.

TEMPERATUR DER MISCHUNG
100 °C maximal

SPRÜHGESCHWINDIGKEIT
2,5–20 m/s

REICHWEITE
Der Käfer kann bis zu 30 cm weit sprühen.
cm 10 20 30 40

LEBENSERWARTUNG DES KÄFERS
5–6 WOCHEN

Wehrhafte Insekten

Auf der ganzen Erde leben viele Arten kleiner Bombardierkäfer, die sich auf diese Weise verteidigen. Aber nur wenige können das heiße Chemikaliengemisch in fast jede Richtung sprühen wie der Afrikanische Bombardierkäfer.

Der Käfer nimmt mit seinen langen Fühlern Bewegungen und den Geruch von Beute und Feinden wahr.

Wie fast alle Insekten hat der Bombardierkäfer Komplexaugen, die aus Hunderten von Einzelaugen zusammengesetzt sind.

Mit seinen Mundwerkzeugen verzehrt der Käfer andere Insekten.

Ameisen sind starke Gegner mit kräftigen Mundwerkzeugen, aber der Bombardierkäfer kann sie abwehren.

Die Chemikalien werden stoßweise abgefeuert.

Auf den langen Beinen kann der Käfer schnell rennen. Viele seiner Feinde sind jedoch flinker.

ZIELGENAUER SCHUSS

Der Bombardierkäfer kann die Düse an der Spitze seines Hinterleibs schwenken, um dem Angreifer die Chemikalien direkt entgegenzusprühen. Er zielt nach hinten, über seinen Rücken oder zwischen seinen Beinen hindurch. Die heiße, giftige Ladung kann Ameisen oder Spinnen außer Gefecht setzen, die den Käfer angreifen wollen.

Der Käfer gibt 500 Sprühstöße pro Sekunde ab.

STECKBRIEF

- **GRÖSSE** Etwa 2 cm lang
- **LEBENSRAUM** Wälder und Savannen
- **VERBREITUNG** Afrika südlich der Sahara
- **NAHRUNG** Andere Insekten und ähnliche Tiere wie Spinnen

DIE MEISTEN BEINE

SCHUTZ-SPIRALE
Wenn ein Tausendfüßer eine Gefahr bemerkt, rollt er sich zusammen, sodass seine weiche Unterseite geschützt ist. Die bunten Farben dieser tropischen Art warnen vor dem scheußlichen Geschmack.

VOLLE BEINKRAFT
TAUSENDFÜSSER

Keine Tiergruppe besitzt so viele Beine wie die Tausendfüßer. Einige Arten haben mehr als 700, aber keine hat tatsächlich 1000 Beine. Der lang gestreckte Körper dieser Gliederfüßer ist in viele Abschnitte unterteilt, an denen je zwei Beinpaare sitzen. Diese auffällig gefärbte Art lebt in tropischen Wäldern auf Madagaskar. Wie die meisten Tausendfüßer verspeist sie verrottende Pflanzenteile. Trotz ihrer vielen Beine läuft sie ziemlich langsam.

STECKBRIEF

- **GRÖSSE** Bis 18 cm lang, mit bis zu 63 Körperabschnitten
- **LEBENSRAUM** Am Boden tropischer Wälder und auf niedrigen Pflanzen
- **VERBREITUNG** Madagaskar
- **NAHRUNG** Verrottende Pflanzenteile wie Blätter

WIRKLICH ERSTAUNLICH!

ETWA 12 000 ARTEN

Tausendfüßer kommen weltweit vor. Sie bewegen sich langsam fort und graben Baue. Manche können sich auch durch harten, trockenen Boden wühlen.

ZAHL DER BEINE — Bis zu 750 (0, 200, 400, 600, 800)

EIER Ein Weibchen legt bis zu 300 Eier auf einmal ab.

LARVE Die Larve hat nur drei Beinpaare. Nach jeder Häutung kommen neue hinzu.

REKORD Mit bis zu 40 cm Länge ist der Afrikanische Riesentausendfüßer der längste Tausendfüßer der Erde. (cm 10 20 30 40 50)

LEBENSERWARTUNG 10 JAHRE

KÖRPERBAU

GRÖSSTE SPINNE

BRENNHAARE
Die Kieferklauen aller Vogelspinnen weisen nach unten. Bei anderen Spinnen öffnen sie sich zur Seite. Für einen Menschen ist der Biss einer Vogelspinne nicht gefährlicher als ein Wespenstich. Zur Abwehr kann die Spinne auch Brennhaare abstoßen. Dafür reibt sie mit den Beinen über ihren Hinterleib.

XXL-AUSGABE
RIESENVOGELSPINNE

Diese Vogelspinne ist die größte Spinne der Erde. Mit ihren kräftigen, behaarten Beinen könnte sie eine Seite dieses Buchs überspannen. Die riesige Spinne krabbelt nachts auf der Suche nach Insekten und anderen kleinen Tieren über den Waldboden und erbeutet manchmal sogar Schlangen. Sie kann dem Opfer mit ihren gewaltigen Kieferklauen Gift einspritzen. Oft überwältigt und tötet sie es aber allein mit Muskelkraft. Während des Tages zieht sie sich in ihren Bau zurück.

STECKBRIEF

- **GRÖSSE** Körper etwa 12–14 cm lang
- **LEBENSRAUM** Regenwald
- **VERBREITUNG** Südamerika
- **NAHRUNG** Würmer, Insekten, Frösche, kleine Reptilien, Nagetiere

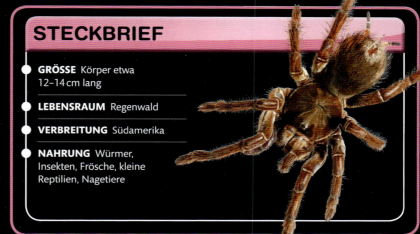

WIRKLICH ERSTAUNLICH!

ETWA 900 ARTEN

Vogelspinnen sind große, schwere Einzelgänger, die in den Tropen oder Subtropen leben.

SPANNWEITE DER BEINE 30 cm (cm 10 20 30 40)

LÄNGE DER KIEFERKLAUEN 2 cm (cm 0,5 1 1,5 2 2,5)

GEWICHT Bis zu 170 g

AKTIVITÄT Vogelspinnen gehen nachts auf die Jagd.

LEBENSERWARTUNG 25 JAHRE

KÖRPERBAU

25

FLIEGENDER EDELSTEIN
MORPHOFALTER

Der Morphofalter sieht wunderschön aus, wenn er durch den Tropenwald flattert. Weil seine Flügelschuppen das Licht auf eine bestimmte Weise reflektieren, entsteht das blaue Schillern. Wenn der Falter mit den Flügeln schlägt, blitzt das Blau immer ganz kurz auf.

Schillernde Flügel
Viele Schmetterlinge sind sehr bunt, aber nur wenige schillern so auffällig wie die tropischen Morphofalter. Männchen sind bunter gefärbt als Weibchen. Bei ihren spektakulären Balzflügen präsentieren sie ihre leuchtend blauen Flügel.

> **Morphofalter gehören zu den größten Tagfaltern der Erde.**

FLÜGELSCHUPPEN
Schmetterlingsflügel sind mit mikroskopisch kleinen Schuppen bedeckt, die wie Dachziegel überlappen. Auf den Schuppen mancher Arten befinden sich winzige Furchen und Grate, die das Licht reflektieren. Auf diese Weise kommt auch das blaue Schillern der Morphofalter zustande.

WIRKLICH ERSTAUNLICH!

29 ARTEN

Viele Morphofalter leben in tropischen Wäldern in Zentral- und Südamerika, aber nicht alle schillern leuchtend blau.

FLÜGELSPANNE Zwischen 7,5 und 20 cm

cm 5 10 15 20 30

ABWEHR

Bei Gefahr sondert eine Drüse zwischen den Vorderbeinen einen üblen Geruch ab.

GEFÄHRDUNG

Morphofalter sind gefährdet, weil sie von Sammlern getötet und ihre Lebensräume zerstört werden.

LEBENSERWARTUNG DES FALTERS: 2–3 WOCHEN

Die großen Augenflecken schrecken Fressfeinde ab.

Wenn der Morphofalter im Schatten sitzt, legt er die Flügel meistens aneinander, sodass das leuchtende Blau nicht sichtbar ist.

Mit den Fühlern nimmt der Falter den Geruch von reifen Früchten wahr.

GUT GETARNT

Die Flügelunterseiten des Falters sind unauffällig braun und tragen Augenflecken. So ist der Schmetterling im Licht und Schatten der Tropenwälder gut getarnt. Vögel und andere Feinde können ihn kaum erkennen.

Komplexaugen

Die Ränder der schillernden Flügel sind schwarz.

STECKBRIEF

- **GRÖSSE** Bis zu 15 cm Flügelspannweite
- **LEBENSRAUM** Tropische Regenwälder
- **VERBREITUNG** Zentralamerika und nördliches Südamerika
- **NAHRUNG** Die Falter trinken Säfte reifer Früchte und die Flüssigkeiten verwesender Tiere, die Raupen verspeisen Blätter.

BEHAARTE RAUPEN

Die feinen Haare der Raupen sind ein Schutz, denn sie brennen auf der Haut von Feinden. Die Raupen verspeisen Blätter von Pflanzen aus der Familie der Schmetterlingsblütler. Wenn zu viele Raupen an derselben Pflanze fressen, greifen sie sich an und fressen sich manchmal gegenseitig auf.

KÖRPEPRBAU

IN DER GRUPPE
Einige Weberknechte leben in Kolonien, denn gemeinsam sind sie besser geschützt. Diese Tiere suchen im Tropenwald von Costa Rica unter einem Blatt Schutz vor dem Regen. Ein Tropfen kann einen Weberknecht verletzen.

STELZENLÄUFER
WEBERKNECHT

Weberknechte sehen ähnlich aus wie Spinnen, aber sie gehören zu einer anderen Gruppe der Spinnentiere. Auch sie haben acht Beine. Der Körper ist bohnenförmig und die Tiere besitzen nur zwei Augen sowie kräftige Kieferklauen. Anders als Spinnen spritzen sie kein Gift ein. Sie zerkleinern ihre Nahrung, bevor sie sie verschlucken. Ein Weberknecht sucht vor allem mit seinem Geruchs- und Tastsinn nach Nahrung. Sein verlängertes zweites Beinpaar setzt er ähnlich wie Fühler ein.

STECKBRIEF

- **GRÖSSE** Körper bis zu 7 mm lang
- **LEBENSRAUM** Wälder, Gebüsche und Wiesen
- **VERBREITUNG** Weltweit außer in der Antarktis
- **NAHRUNG** Insekten, Pflanzen, Pilze, Aas und Pflanzenreste

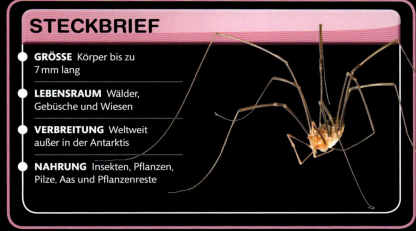

WIRKLICH ERSTAUNLICH!

ETWA 6500 ARTEN

Weberknechte sehen wie Stelzenläufer aus. Oft ziehen sie die Beine durch ihre Kieferklauen, um sie zu reinigen.

BEINSPANNE Bis zu 34 cm

KOLONIEN Manchmal leben bis zu 70 000 Weberknechte in einer Kolonie.

AKTIVITÄT Diese Spinnentiere sind vor allem in der Nacht aktiv.

ABWEHR Weberknechte werfen oft ihre Beine ab, wenn ein Fressfeind sie packt.

FOSSILIEN Man hat 400 Millionen Jahre alte Fossilien von diesem Tier gefunden.

LEBENSERWARTUNG 1 JAHR

KÖRPERBAU

SCHWERGEWICHT
RIESENWETA

In Neuseeland leben unglaublich große Insekten: die Riesenwetas. Diese Langfühlerschrecken können nicht fliegen und manche werden so groß wie eine Maus. Weil sie so schwer sind, können sie hungrigen Feinden nicht einfach davonhüpfen. Deshalb zischen sie zur Abschreckung wie eine Schlange. Früher hatten die Wetas in Neuseeland nur wenige Fressfeinde. Dann brachten Siedler aus Europa Katzen und Ratten auf die Inseln, für die diese Insekten leichte Beute waren. Deshalb sind sie heute selten.

SCHWERSTES INSEKT

STECKBRIEF

- **GRÖSSE** Körper bis zu 10 cm lang
- **LEBENSRAUM** Wälder, meistens auf Bäumen
- **VERBREITUNG** Neuseeland
- **NAHRUNG** Blätter, Moose, Blüten und Früchte

WIRKLICH ERSTAUNLICH!

ETWA 11 RIESENWETA-ARTEN

Der Name *Weta* kommt aus der Sprache der Maori, der neuseeländischen Ureinwohner. Die Riesenweta wird *Wetapunga* genannt. Das bedeutet „Gott der hässlichen Dinge".

WACHSTUM

Frisch geschlüpfte Larven sind 0,5 cm lang.
cm 2 4 6 8 10
Erwachsene Insekten sind 7–10 cm lang.

GEWICHT

Wetas können 71 g schwer werden.

EIER

Das Weibchen legt im Lauf seines Lebens bis zu 300 Eier.

HÄUTUNG

Die Larven häuten sich ungefähr 10-mal.

GEFÄHRDUNG

Wetas sind durch eingeschleppte Räuber und die Zerstörung ihres Lebensraums gefährdet.

LEBENSERWARTUNG 2 JAHRE

KÖRPERBAU

KRÄFTIGE KIEFER
Es gibt etwa 70 verschiedene Weta-Arten. Elf davon sind Riesenwetas, die nur in Neuseeland vorkommen. Die meisten der kleineren Arten erbeuten andere Insekten. Riesenwetas verspeisen Blätter. Sie haben kräftige Kiefer und können schmerzhaft zubeißen, aber sie sind scheu und nachtaktiv.

GRÖSSER ALS EIN VOGEL
KÖNIGIN-ALEXANDRA-VOGELFLÜGLER

Dieser tropische Schmetterling ist größer als viele Vögel. Er trinkt hoch in den Baumwipfeln Nektar aus den Blütenkelchen von Kletterpflanzen. Das Weibchen legt auch seine Eier auf diesen Pflanzen ab, deren Blätter ein Gift enthalten. Wenn die Raupen schlüpfen, fressen sie die Blätter und speichern das Gift in ihrem Körper. Es schützt sie vor Fressfeinden, auch deshalb, weil es scheußlich schmeckt.

STECKBRIEF

- **GRÖSSE** Körper bis zu 8 cm lang, Flügelspanne bis zu 28 cm
- **LEBENSRAUM** Tropische Regenwälder
- **VERBREITUNG** Östliches Papua-Neuguinea
- **NAHRUNG** Die Raupen fressen die Blätter von Pfeifwinden, erwachsene Falter trinken den Blütennektar.

WIRKLICH ERSTAUNLICH!

ETWA 36 VERSCHIEDENE ARTEN
Vogelflügler kommen von Indien bis in den Norden Australiens vor.

GEFÄHRDUNG Drei Arten sind gefährdet, weil ihre Lebensraum zerstört wird.

EIER Ein erwachsenes Weibchen legt etwa 240 Eier ab.

FLUGGESCHWINDIGKEIT Bis zu 15 km/h

HÖCHSTALTER DES FALTERS 3 MONATE

KÖRPERBAU

GRÖSSTER TAGFALTER

Dieser Vogelflügler gehört zu den seltensten Schmetterlingen.

BUNT UND PRÄCHTIG
Das Männchen ist viel bunter und auffälliger als das braun und weiß gemusterte Weibchen. Bei der Balz flattern die Männchen mit ihren langen, schillernden Flügeln über den Weibchen und sondern einen süßen Duft ab. So werben sie um eine Partnerin.

UNSINKBARER FLITZER
WASSERLÄUFER

Dieses schlanke Insekt ist so leicht, dass es auf dem Wasser laufen kann. Die Wassermoleküle an der Oberfläche bilden einen elastischen Film, auf dem der Wasserläufer nicht untergeht. Andere Insekten, die ins Wasser fallen, bleiben auf diesem Film kleben. Sie sind eine leichte Beute für den Wasserläufer. Er eilt herbei und packt sie.

Spezialisierte Beine
Auf den ersten Blick sieht es aus, als hätte der Wasserläufer nur zwei Beinpaare. Das dritte Paar ist kürzer und kommt beim Packen der Beute zum Einsatz. Das Insekt rennt auf seinen langen mittleren Beinen über die Wasseroberfläche und setzt das hintere Beinpaar zum Steuern ein.

HAARIGE BEINE
Die Beine des Wasserläufers sind mit samtigen Haaren bedeckt. Kleine Luftblasen bilden sich unter den Füßen und verhindern, dass das Insekt auf der Wasseroberfläche kleben bleibt. Stattdessen wölbt sich der Film unter den Füßen ein. Auch der restliche Körper des Insekts ist mit Haaren bedeckt. Deshalb geht der Wasserläufer nicht unter.

Das Insekt benutzt das mittlere Beinpaar wie Ruder, um voranzukommen.

Mit den Beinen nimmt der Wasserläufer die Wellen wahr, die seine zappelnde Beute erzeugt.

WIRKLICH ERSTAUNLICH!

ETWA 500 ARTEN
Weltweit kommen ähnliche Arten vor. Die meisten leben auf Süßgewässern, einige auf der Meeresoberfläche.

ENTWICKLUNG

	Häutung 1	2	3	4	Ausgewachsen 5
Tage	4	8	13	20	29

EIER
Das Weibchen legt bis zu 200 Eier, die es an Wasserpflanzen heftet.

REKORD
Der größte Wasserläufer wird 5 cm lang. Seine Beinspannweite beträgt 30 cm.

LEBENSERWARTUNG 6–8 MONATE

Wasserläufer legen pro Sekunde 1,5 Meter auf der Wasseroberfläche zurück.

Der leichte, schlanke Körper ist mit Haaren bedeckt, die verhindern, dass das Insekt versinkt.

Mit den kurzen, kräftigen Vorderbeinen wird die Beute gepackt.

Eine Ameise, die auf dem Wasserfilm klebt, ist leichte Beute.

STECKBRIEF

- **Größe** Etwa 1 cm
- **Lebensraum** Teiche, Seen, Bäche und Flüsse
- **Verbreitung** Europa
- **Nahrung** Kleine Tiere auf der Wasseroberfläche

LÄUFT ÜBERS WASSER

SAUGRÜSSEL

Wie alle Schnabelkerfe hat der Wasserläufer keine Kiefer. Seine Mundwerkzeuge bilden einen Rüssel, mit dem er der Beute giftigen Speichel einspritzt. Er verwandelt das weiche Gewebe in eine Flüssigkeit, die der Wasserläufer dann einsaugen kann.

FLIEGENDE LAMPE
LEUCHTKÄFER

Leuchtkäfer, die man auch Glühwürmchen nennt, sind ungewöhnliche Insekten. Sie fliegen in der Nacht umher und locken mit Leuchtorganen an der Spitze ihres Hinterleibs Partner an. Das Licht wird durch eine chemische Reaktion erzeugt, bei der aber keine Wärme entsteht. Der Käfer kann das Licht nach Bedarf ausknipsen. Einige Arten erzeugen so ganz bestimmte Leuchtsignale.

Die Fühler werden zum Tasten, Schmecken und Riechen eingesetzt.

Mit den großen Augen nimmt der Käfer die Leuchtsignale seiner Artgenossen wahr.

VERSCHIEDENE LEUCHTSIGNALE

In Nordamerika gibt es viele ähnliche Leuchtkäferarten. Jede Art erzeugt typische Leuchtsignale. Am Blinken erkennen sich die Käfer in Sommernächten gegenseitig. Manche Arten blinken nur sehr kurz auf, andere länger, und die Pausen sind unterschiedlich lang.

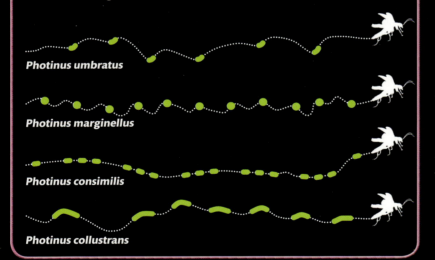

Photinus umbratus

Photinus marginellus

Photinus consimilis

Photinus collustrans

Eine Falle

Wenn ein Weibchen dieser amerikanischen Leuchtkäferart die Signale eines Männchens sieht, blinkt es ebenfalls. Das bedeutet, dass es zur Paarung bereit ist. Manche Weibchen nutzen jedoch einen hinterlistigen Trick: Sie ahmen die Signale eines Weibchens einer anderen Leuchtkäferart nach. Wenn ein Männchen angelockt wird, wird es gefangen und verspeist!

SCHNECKENBEUTE

Die Larven vieler Leuchtkäfer erbeuten Schnecken. Sie packen die Schnecke mit ihren Kiefern und spritzen ihr Verdauungssäfte ein. Diese Säfte verwandeln das Gewebe in eine Flüssigkeit, die aufgesaugt werden kann.

WIRKLICH ERSTAUNLICH!

ETWA 2000 ARTEN

Leuchtkäfer findet man weltweit. Die Weibchen mancher Arten können nicht fliegen.

EFFEKTIV
90 % der Energie, die das Leuchtorgan verbraucht, wandelt es in Licht um.

ABWEHR
Im Körper des Käfers sind Giftstoffe gespeichert, daher schmeckt er scheußlich.

LEBENSZYKLUS
Die Larve verwandelt sich nach einem Jahr zum erwachsenen Käfer.

LICHT
Das Licht der Leuchtkäfer kann gelb, orangerot oder grün leuchten.

LEBENSERWARTUNG DES KÄFERS: 8 WOCHEN

Das Leuchtorgan ist doppelt so hell wie eine LED-Lampe.

Wie bei den meisten Käfern schützen robuste Deckflügel die zarten Hinterflügel.

Mit seinen langen Hinterflügeln kann das Insekt fliegen, um Partner zu suchen.

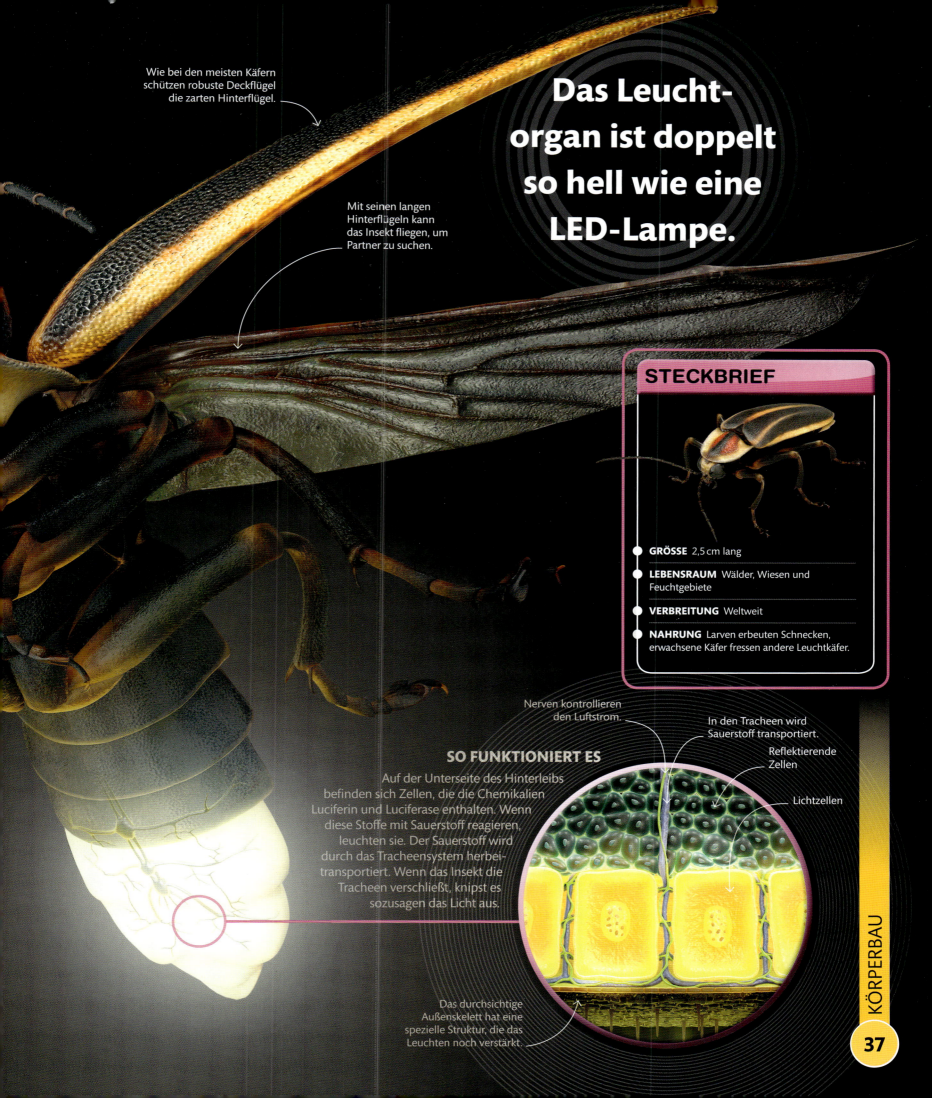

STECKBRIEF

- **GRÖSSE** 2,5 cm lang
- **LEBENSRAUM** Wälder, Wiesen und Feuchtgebiete
- **VERBREITUNG** Weltweit
- **NAHRUNG** Larven erbeuten Schnecken, erwachsene Käfer fressen andere Leuchtkäfer.

SO FUNKTIONIERT ES

Auf der Unterseite des Hinterleibs befinden sich Zellen, die die Chemikalien Luciferin und Luciferase enthalten. Wenn diese Stoffe mit Sauerstoff reagieren, leuchten sie. Der Sauerstoff wird durch das Tracheensystem herbeitransportiert. Wenn das Insekt die Tracheen verschließt, knipst es sozusagen das Licht aus.

Nerven kontrollieren den Luftstrom.

In den Tracheen wird Sauerstoff transportiert.

Reflektierende Zellen

Lichtzellen

Das durchsichtige Außenskelett hat eine spezielle Struktur, die das Leuchten noch verstärkt.

KÖRPERBAU

FUNKELNDE KÄFER

In Südostasien und in anderen warmen Regionen gibt es Leuchtkäfer, die in Kolonien leben. Wenn alle Insekten gleichzeitig leuchten, funkeln Tausende gelbgrüner Lichter. Dann erlöschen sie plötzlich alle gleichzeitig. Wissenschaftler haben noch nicht herausgefunden, welchen Sinn dieses faszinierende Verhalten der Käfer hat.

BLÄTTER IM WIND
Die Blätter dieses tropischen Baums sehen auf den ersten Blick ganz unauffällig aus, aber schau einmal ganz genau hin: Entdeckst du die drei Wandelnden Blätter? Sie schwanken sogar hin und her wie echte Blätter im Wind.

MEISTER DER TARNUNG
WANDELNDES BLATT

Wenige Tiere sind so perfekt getarnt wie die Wandelnden Blätter. Diese Insekten sehen mit ihrem flachen grünen oder braunen Körper einem Blatt mit Mittelrippe und Blattadern täuschend ähnlich. Oft ahmen dunkle Stellen sogar welke Blattteile nach. Verbreiterungen an den Beinen sehen ebenfalls wie Blätter aus, die von anderen Insekten angefressen wurden. Diese Tarnung schützt das Tier vor hungrigen Vögeln, denn sie können es nicht von den Blättern der Umgebung unterscheiden.

STECKBRIEF

- **GRÖSSE** 5–10 cm
- **LEBENSRAUM** Tropenwälder
- **VERBREITUNG** Malaysia
- **NAHRUNG** Blätter

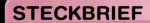

WIRKLICH ERSTAUNLICH!

ETWA 54 ARTEN

Wandelnde Blätter sind in Südostasien und Australien verbreitet.

LEBENSERWARTUNG 7 MONATE

EIER Ein Weibchen kann in seinem Leben bis zu 500 Eier legen.

AKTIVITÄT Die Insekten fressen oft nachts und sind deshalb schwer zu entdecken.

FARBWECHSEL Die jungen Insekten sind dunkelrot. Erwachsene Tiere färben sich grün bis bräunlich gelb.

KÖRPERBAU

LEBENDER ZWEIG
RIESENSTABSCHRECKE

Die Riesenstabschrecke kann über einen halben Meter lang werden. Das ist länger als dein Arm vom Handgelenk bis zur Schulter. Kein anderes Insekt wird so lang. Mit ihrem gestreckten, schlanken Körper sind Stabschrecken im Geäst von Bäumen und Büschen perfekt getarnt. Tagsüber laufen sie kaum umher, aber sie schwanken mit dem Körper hin und her, sodass es aussieht, als würde sich ein Zweig im Wind bewegen. Die hier abgebildete Art kommt in Australien vor.

LÄNGSTES INSEKT

STECKBRIEF

- **GRÖSSE** Körperlänge bis zu 27 cm, mit ausgestreckten Beinen bis zu 34 cm
- **LEBENSRAUM** Wälder
- **VERBREITUNG** Nordöstliches Australien
- **NAHRUNG** Blätter von Bäumen, wie Zypressen, Akazien und Eukalyptus, auch einige andere Pflanzen

WIRKLICH ERSTAUNLICH!

ETWA 2400 ARTEN
Diese Insekten kommen in wärmeren Regionen vor.

LEBENSERWARTUNG 3 JAHRE

REKORD
Die kleinste Stabschrecke ist nur ungefähr 1,1 cm lang.
cm 10 20 30 40 50 60
Die längste Stabschrecke wird 56 cm lang.

ABWEHR Die Insekten stellen sich tot, werfen Beine ab oder sondern üble Gerüche ab.

EIER Manche Stabschrecken legen bis zu 2000 Eier.

AUF FUTTERSUCHE
Wenn die Nacht anbricht, wird die Stabschrecke aktiv. Auf der Suche nach Nahrung klettert sie langsam durchs Geäst. Sie macht sich über Blätter her, die sie mit ihren kräftigen Kiefern zerkleinert.

SPEZIELLE AUFGABE

Wie alle Ameisen leben Honigtopfameisen in Kolonien mit einer Königin. Die Arbeiterinnen bauen das Nest und sammeln Nahrung. Die Tiere, die die Nahrung speichern, sind spezialisierte Arbeiterinnen.

LEBENDE VORRATSSPEICHER
HONIGTOPFAMEISEN

Diese australischen Ameisen haben so viel Nahrung im Leib, dass sie nur noch an der Decke ihres Nests hängen können. Sie dienen den anderen Mitgliedern der Kolonie als lebende Vorratsspeicher und werden von ihnen mit Blütennektar, Körperflüssigkeiten erbeuteter Tiere und Wasser gefüttert. Ihr Hinterleib kann sich aufblähen wie ein Ballon. Die Insekten hängen manchmal monatelang an der Decke, bis Nahrung und Wasser knapp werden. In solchen Notzeiten ernähren sich dann die anderen Koloniemitglieder vom Inhalt ihres Hinterleibs.

STECKBRIEF

- **GRÖSSE** Arbeiterinnen werden 6 mm lang.
- **LEBENSRAUM** Grasland und Wüsten
- **VERBREITUNG** Australien
- **NAHRUNG** Blütennektar, Früchte und andere Insekten

WIRKLICH ERSTAUNLICH!

ETWA 34 ARTEN

Honigtopfameisen leben in Wüsten und anderen Gegenden, wo Nahrung oft knapp ist.

KOLONIE Bei manchen Arten leben bis zu 15 000 Tiere in einer Kolonie.

EIER Eine Königin kann jeden Tag bis zu 1500 Eier legen.

GEWICHT Die „Honigtöpfe" sind 100-mal so schwer wie andere Arbeiterinnen.

HÖCHSTALTER EINER KOLONIE IM SCHNITT 10 JAHRE

KÖRPERBAU

ERSTAUNLICHER GERUCHSSINN

STEUERUNGSANLAGE
Die Fühler des Männchens sind voll mit Sinnesorganen. Wenn ein Fühler einen stärkeren Geruch wahrnimmt als der andere, wendet sich der Falter automatisch in diese Richtung, um die Quelle des Geruchs zu finden.

GEFIEDERTER SUPERFÜHLER
NACHTPFAUENAUGE

Mit seinen gefiederten Fühlern kann das Männchen des Wiener Nachtpfauenauges Geruchsstoffe wahrnehmen, die ihm der Wind zuweht. Frisch geschlüpfte Weibchen geben diese Stoffe ab. Das Männchen kann ein Weibchen auch riechen, wenn es sehr weit entfernt ist. Es macht sich dann auf den Weg, um sich mit ihm zu paaren und für Nachwuchs zu sorgen. Das ist die einzige Aufgabe der erwachsenen Falter. Sie können keine Nahrung aufnehmen und leben nur vier Wochen lang.

STECKBRIEF

- **GRÖSSE** Flügelspannweite bis zu 15 cm
- **LEBENSRAUM** Offenes Gelände mit Büschen und Bäumen
- **VERBREITUNG** Europa und westliches Asien
- **NAHRUNG** Die Falter nehmen keine Nahrung auf, die Raupen verspeisen Blätter.

WIRKLICH ERSTAUNLICH!

ETWA 18 ARTEN
Verwandte Nachtfalter kommen neben Europa und Asien auch in Nordamerika vor.

EIER
Weibchen legen bis zu 100 Eier. Etwa 20 heften sie jeweils an einen Zweig.

ENTWICKLUNG
Nach 10–30 Tagen schlüpfen die Raupen.

GERUCH
Die Falter nehmen 10 km entfernte Weibchen wahr.

ABWEHR
Große Augenflecken auf den Flügeln schrecken Angreifer ab.

HÖCHSTALTER DES FALTERS: 4 WOCHEN

KÖRPERBAU

UNGLAUBLICH STARK
HERKULESKÄFER

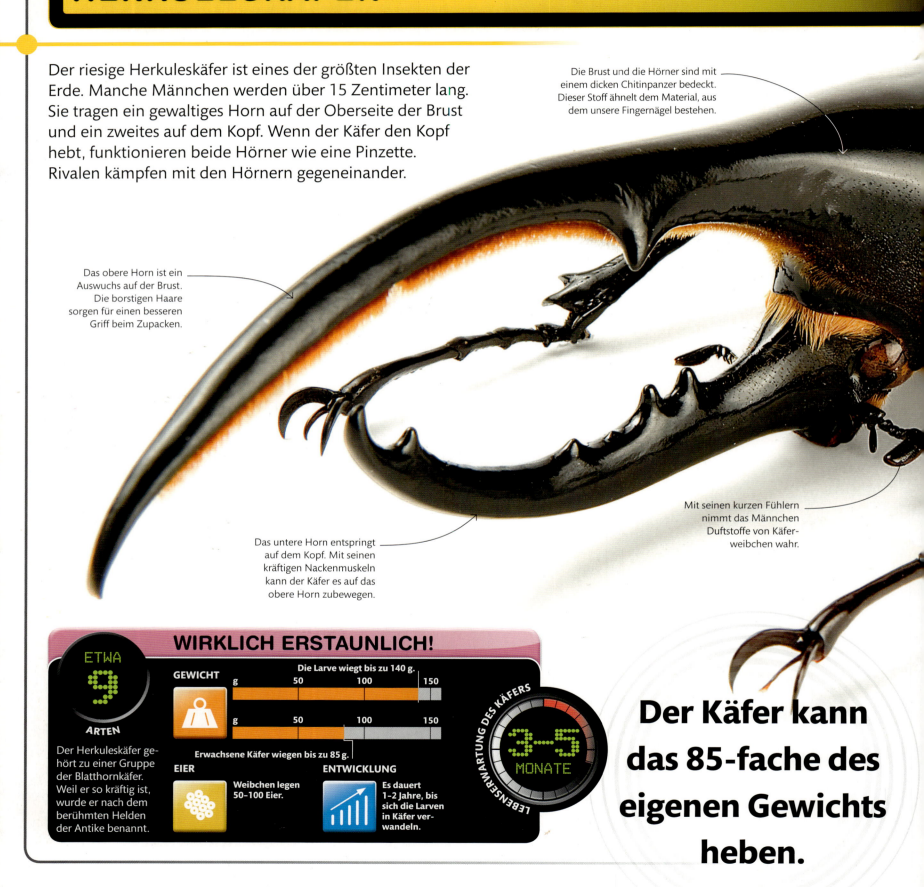

Der riesige Herkuleskäfer ist eines der größten Insekten der Erde. Manche Männchen werden über 15 Zentimeter lang. Sie tragen ein gewaltiges Horn auf der Oberseite der Brust und ein zweites auf dem Kopf. Wenn der Käfer den Kopf hebt, funktionieren beide Hörner wie eine Pinzette. Rivalen kämpfen mit den Hörnern gegeneinander.

Die Brust und die Hörner sind mit einem dicken Chitinpanzer bedeckt. Dieser Stoff ähnelt dem Material, aus dem unsere Fingernägel bestehen.

Das obere Horn ist ein Auswuchs auf der Brust. Die borstigen Haare sorgen für einen besseren Griff beim Zupacken.

Mit seinen kurzen Fühlern nimmt das Männchen Duftstoffe von Käferweibchen wahr.

Das untere Horn entspringt auf dem Kopf. Mit seinen kräftigen Nackenmuskeln kann der Käfer es auf das obere Horn zubewegen.

WIRKLICH ERSTAUNLICH!

ETWA 9 ARTEN

Der Herkuleskäfer gehört zu einer Gruppe der Blatthornkäfer. Weil er so kräftig ist, wurde er nach dem berühmten Helden der Antike benannt.

GEWICHT
Die Larve wiegt bis zu 140 g.
g 50 100 150
g 50 100 150
Erwachsene Käfer wiegen bis zu 85 g.

EIER
Weibchen legen 50–100 Eier.

ENTWICKLUNG
Es dauert 1–2 Jahre, bis sich die Larven in Käfer verwandeln.

LEBENSERWARTUNG DES KÄFERS: 3–5 MONATE

Der Käfer kann das 85-fache des eigenen Gewichts heben.

Nicht zu überhören

Herkuleskäfer sind nicht nur kräftig, sondern auch sehr laut. Wenn sie sich bedroht fühlen, erzeugen sie ein zischendes Geräusch, indem sie ihre Flügeldecken gegen den Hinterleib reiben.

Die zarten Hinterflügel des Käfers sind unter den harten Deckflügeln geschützt. Der Käfer öffnet sie, wenn er startet.

STECKBRIEF

- **GRÖSSE** Bis zu 17 cm lang
- **LEBENSRAUM** Tropischer Regenwald
- **VERBREITUNG** Zentral- und Südamerika
- **NAHRUNG** Die Larven fressen morsches Holz, erwachsene Käfer verspeisen herabgefallene Früchte.

Hinterleib

Die schlanken, gegliederten Beine sind viel kräftiger, als sie aussehen. Mit ihnen kann der Käfer seine Rivalen in die Luft stemmen.

RINGKAMPF

Die Männchen kämpfen wie japanische Sumoringer miteinander. Jeder versucht, den anderen mit den Hörnern zu ergreifen. Das stärkere Männchen hebt seinen Rivalen vom Boden hoch und dreht ihn auf den Rücken.

ANDERE SCHWERGEWICHTE

Die Larve des Herkuleskäfers ist sogar noch schwerer als der Käfer selbst. Sie ernährt sich von abgestorbenem Holz. Einige andere tropische Käfer werden noch schwerer, wenn sie als Larven genügend nahrhaftes Futter fressen. Nach ihrer Verwandlung in Käfer wachsen die Insekten nicht mehr.

RIESENBOCKKÄFER
Der südamerikanische Riesenbockkäfer ist der größte Käfer der Erde. Er ist ungefähr so lang wie der Herkuleskäfer, aber sein Körper ist schwerer.

GOLIATHKÄFER
Der Goliathkäfer aus Zentralafrika ist zwar nicht so lang wie der Herkuleskäfer, aber sein Körper ist viel gedrungener. Dieser Käfer wiegt ungefähr 100 Gramm.

KÖRPERBAU

49

DICKER BRUMMER

Obwohl er so schwer ist, kann der Herkuleskäfer fliegen. Man glaubt, mit den langen Hörnern könne er das Gleichgewicht kaum halten, aber diese Strukturen aus Chitin sind sehr leicht. Die ausgebreiteten Deckflügel funktionieren wie die Tragflächen eines Flugzeugs. Sie verschaffen dem Käfer Auftrieb, wenn er mit seinen großen, transparenten Hinterflügeln schlägt.

Wissenschaftler befestigen Mikrochips an Käfern, um ihren Flug zu erforschen.

GIFTIGER BEISSER
RIESENLÄUFER

Der tropische Riesenläufer ist ein gefährlicher Jäger, der sogar eine Vogelspinne töten kann. Mit seinen Kieferklauen spritzt er ihr Gift ein. Dieser Hundertfüßer ist fast blind und spürt seine Beute mit dem Tast- und Geruchssinn auf. Er kann so auch in völliger Dunkelheit jagen.

Die langen Fühler sind die wichtigsten Sinnesorgane. Sie dienen zum Tasten und zum Riechen.

Das Tier zerkaut die Nahrung mit seinen Kiefern, bevor es sie verschluckt.

Mit seinen kurzen, beweglichen Mundwerkzeug zerteilt das Tier die Beute.

Die Kieferklauen sind umgebildete Beine. Mit ihnen spritzt der Jäger dem Beutetier sein Gift ein.

STECKBRIEF

- **GRÖSSE** Bis zu 30 cm lang
- **LEBENSRAUM** Tropische Wälder
- **VERBREITUNG** Nördliches Südamerika
- **NAHRUNG** Andere Tiere wie Insekten, Spinnen, Eidechsen, Frösche, Mäuse, Fledermäuse und kleine Vögel

Ein Jäger mit sehr vielen Beinen

Diese Art ist der größte Hundertfüßer. Trotz seines Namens hat er nur 46 Beine. Diese Gliederfüßer sind schnelle Jäger, die dunkle, feuchte Orte lieben und oft unter der Erde leben. Tausende Arten kommen weltweit vor. Nur wenige werden aber so groß wie dieser Riesenläufer.

In jeder Kieferklaue befindet sich eine Giftdrüse. Durch sich zusammenziehende Muskeln wird Gift in die Bisswunde gespritzt.

Wenn der Hundertfüßer läuft, hebt er seine Beine nacheinander an. Es sieht aus, als würde eine Welle an den Seiten des Körpers entlanglaufen.

WIRKLICH ERSTAUNLICH!

ETWA 3000 ARTEN

Nur wenige Hundertfüßarten sind ähnlich groß wie der Riesenläufer, aber manche haben mehr Beine.

ANZAHL DER BEINE

Maximal 354 Beine
0 – 100 – 200 – 300 – 400
Minimal 30 Beine

EIER

Ein Weibchen legt bis zu 60 Eier. Es bewacht sie, bis die Larven schlüpfen.

AKTIVITÄT
Hundertfüßer sind meistens nachtaktiv. Sie erbeuten sogar Fledermäuse.

LEBENSERWARTUNG BIS ZU 10 JAHRE

INSEKTENMAHLZEIT

Der Hundertfüßer packt seine Beute mit seinen Kieferklauen und spritzt ihr ein tödliches Gift ein. Er hält das Opfer mit seinen Beinen fest, bis es stirbt. Dann zerteilt er die Beute, indem er ihr Außenskelett zerbeißt. Die Flüssigkeit aus seinen beiden großen Speicheldrüsen beginnt nun, die Nahrung zu zersetzen. Nun kann er die Nährstoffe aufnehmen.

Dieser Jäger kann sogar Fledermäuse im Flug erbeuten.

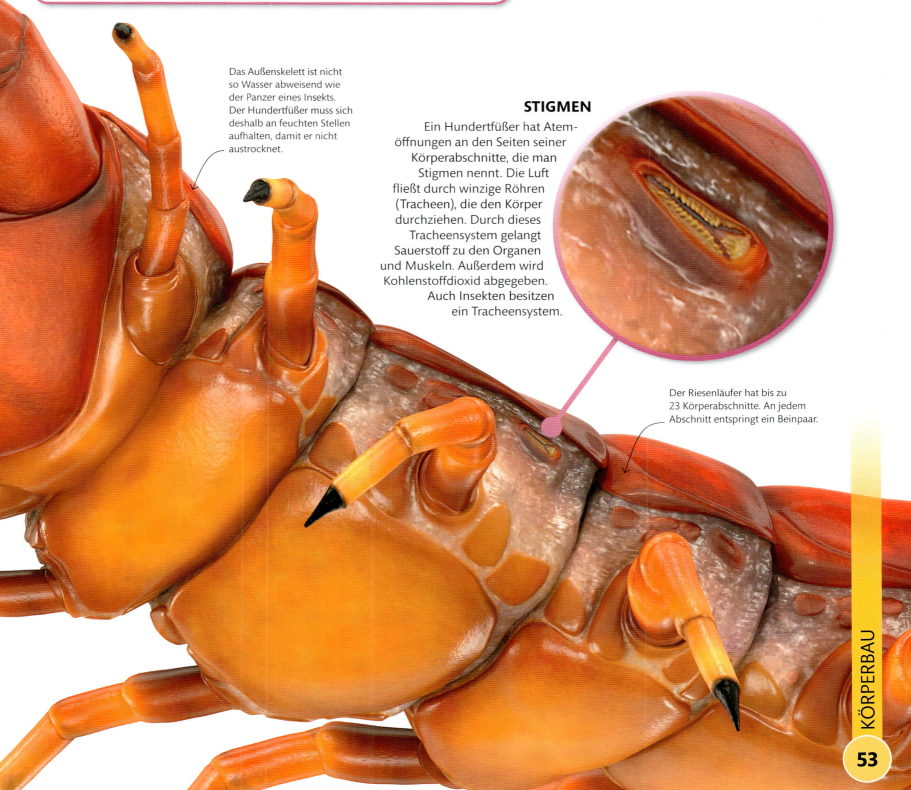

Das Außenskelett ist nicht so Wasser abweisend wie der Panzer eines Insekts. Der Hundertfüßer muss sich deshalb an feuchten Stellen aufhalten, damit er nicht austrocknet.

STIGMEN

Ein Hundertfüßer hat Atemöffnungen an den Seiten seiner Körperabschnitte, die man Stigmen nennt. Die Luft fließt durch winzige Röhren (Tracheen), die den Körper durchziehen. Durch dieses Tracheensystem gelangt Sauerstoff zu den Organen und Muskeln. Außerdem wird Kohlenstoffdioxid abgegeben. Auch Insekten besitzen ein Tracheensystem.

Der Riesenläufer hat bis zu 23 Körperabschnitte. An jedem Abschnitt entspringt ein Beinpaar.

KÖRPERBAU

53

GIFTIGE NAHRUNG

Der Waldgeist trinkt Blütennektar, der Giftstoffe enthält. Das Gift wird im Schmetterlingskörper in Stoffe umgewandelt, die sehr schlecht schmecken. Vögel und andere hungrige Räuber meiden die Falter deshalb. Auch die Raupen verzehren giftige Pflanzen und schmecken scheußlich.

DURCHSICHTIGE FLÜGEL
WALDGEIST

Die Flügel der meisten Schmetterlinge sind mit Schuppen bedeckt. Sie sind angeordnet wie Dachziegel und verleihen den Flügeln ihre Farben und Muster. Beim Waldgeist sind nur die Flügelränder mit Schuppen besetzt. Die Flügelflächen sind durchsichtig wie Glas. Die Struktur der Oberfläche verhindert, dass sie das Licht reflektieren und in der Sonne glänzen. Deshalb ist dieser Schmetterling für Feinde fast unsichtbar.

STECKBRIEF

- **GRÖSSE** bis zu 3 cm lang, bis zu 6 cm Flügelspannweite
- **LEBENSRAUM** Tropischer Regenwald
- **VERBREITUNG** Zentralamerika
- **NAHRUNG** Die Larven fressen Blätter, erwachsene Schmetterlinge trinken Nektar.

WIRKLICH ERSTAUNLICH!

ETWA 30 ARTEN

Die Falter kommen vor allem in tropischen Wäldern in Zentral- und Südamerika vor.

WANDERUNG Wandernde Arten legen 12 km täglich zurück.

GESCHWINDIGKEIT Er kann kurze Strecken 13 km/h schnell fliegen.

HÖCHSTALTER DES FALTERS: 12 WOCHEN

ANTENNENAUGEN
Wenn das erwachsene Insekt aus der Puppenhülle schlüpft, sind seine Augenstiele noch nicht erkennbar. Es muss erst Luft in seinen Kopf pumpen, um sie wie Teleskopantennen auszufahren. Die Augenstiele der Weibchen sind viel kürzer als die der Männchen.

AUGE UM AUGE
STIELAUGENFLIEGE

Die Augen dieser ungewöhnlichen Fliege sitzen an den Enden langer, dünner Stiele. Männchen werben mit ihren Stielaugen um Partnerinnen. Die Rivalen messen sich in Schaukämpfen. Männchen mit kurzen Augenstielen sind dabei im Nachteil. Weil die Weibchen Männchen mit langen Augenstielen bevorzugen, haben diese mehr Nachwuchs. Ihre Nachkommen erben dann die langen Augenstiele.

STECKBRIEF

- **GRÖSSE** Körper bis zu 12 mm lang
- **LEBENSRAUM** Oft an feuchten Stellen entlang von Bächen
- **VERBREITUNG** Südostasien
- **NAHRUNG** Pilze und Bakterien auf vermodernden Pflanzen

WIRKLICH ERSTAUNLICH!

ETWA 150 ARTEN
Fast alle Arten kommen in Asien und Afrika vor. Nur zwei Arten leben in Nordamerika und Europa.

LÄNGE DER AUGENSTIELE — Augenabstand etwa 1,5 cm

HÖCHSTALTER DER FLIEGE: 200 TAGE

EIER Weibchen legen bis zu 6 Monate lang täglich 4–6 Eier.

SEHEN Diese winzigen Fliegen haben ein Blickfeld von 360 Grad.

KÖRPERBAU

JÄGER DER NACHT
Wie viele seiner Verwandten lebt dieser südostasiatische Geißelskorpion in warmen, feuchten Wäldern. Meistens jagt er nachts. Mit seinen langen, schlanken vorderen Beinen ertastet er Beutetiere. Dann packt und tötet er sie mit seinen Scheren.

SÄUREHALTIGE VERTEIDIGUNG
GEISSELSKORPION

Diese furchterregende Kreatur gehört zu den Spinnentieren. Der achtbeinige Verwandte der Spinnen und Skorpione besitzt einen langen, dünnen Schwanzanhang, von dem sich sein Name ableitet. Mit seinen Scheren wirkt er gefährlich, aber er hat weder einen Giftstachel noch kann er mit seinem Biss Gift einspritzen. Bei Gefahr versprüht er Essigsäure aus Drüsen an der Basis seines Schwanzes. Gerät sie in die Augen des Angreifers, ist dieser für einige Zeit blind. Das verschafft dem Geißelskorpion Zeit, sich aus dem Staub zu machen.

STECKBRIEF

- **GRÖSSE** Bis zu 5 cm lang ohne Schwanzanhang
- **LEBENSRAUM** Wälder, Grasland und Wüsten
- **VERBREITUNG** Süd- und Südostasien, Nord- und Südamerika, Afrika
- **NAHRUNG** Vor allem Insekten, aber auch Würmer und Schnecken

WIRKLICH ERSTAUNLICH!

ETWA 100 ARTEN

Ähnliche Geißelskorpione leben im tropischen Amerika und in Südostasien.

REICHWEITE Geißelskorpione können bis zu 30 cm weit sprühen.

cm | 10 | 20 | 30 | 40

EIER Weibchen tragen bis zu 40 Eier in einer Tasche unten am Hinterleib mit sich herum.

AKTIVITÄT Die Tiere verstecken sich tagsüber und jagen nachts.

LEBENSERWARTUNG 7 JAHRE

KÖRPERBAU

SCHAF IM WOLFSPELZ
HORNISSEN-GLASFLÜGLER

Viele Insekten, die einen Giftstachel besitzen, wie Wespen und Hornissen, tragen eine gelb-schwarze Warntracht. Fressfeinden signalisiert die auffällige Färbung, dass der Leckerbissen schmerzhaft stechen kann. Der Hornissen-Glasflügler aber ist ein harmloser Schmetterling, der keinen Stachel besitzt. Mit seinem Aussehen täuscht er hungrige Vögel, denn die halten ihn für eine wehrhafte Hornisse und lassen ihn meistens in Ruhe.

STECKBRIEF

- **GRÖSSE** Flügelspanne bis zu 5 cm
- **LEBENSRAUM** Auf und bei Pappeln und Weiden
- **VERBREITUNG** Europa
- **NAHRUNG** Die Larven fressen im Holz von Pappeln und Weiden. Die Falter nehmen keine Nahrung mehr auf.

WIRKLICH ERSTAUNLICH!

ETWA 22 ARTEN
Weltweit kommen Schmetterlinge vor, die wehrhafte Insekten nachahmen.

ENTWICKLUNG
So lange lebt das Insekt im Schnitt. Die meiste Zeit ist es eine Raupe.
Jahre ½ 1 1½ 2 2½

EIER
Ein Weibchen legt ungefähr 1000 Eier.

AKTIVITÄT
Diese Nachtfalter sind tagaktiv.

HÖCHSTALTER DES FALTERS: 10 TAGE

KÖRPERBAU

Wenn ein harmloses Tier ein gefährliches nachahmt, nennt man das Mimikry.

FRISCH GESCHLÜPFT
Wenn der erwachsene Hornissen-Glasflügler im Frühsommer aus der Puppenhülle geschlüpft ist, ruht er lange auf einem Ast, bevor er losfliegt. Er nimmt keine Nahrung mehr auf. Nachdem er sich gepaart und für Nachwuchs gesorgt hat, stirbt er.

SUPER-SCHNAUZE
HASELNUSSBOHRER

Bei Rüsselkäfern ist der Kopf vorn sehr stark verlängert. Beim Haselnussbohrer-Weibchen ist dieser Rüssel sogar so lang wie der restliche Körper. Mit ihm kann es Löcher in Haselnüsse bohren. Dann legt es seine Eier in die Nüsse.

An der Spitze des Rüssels befinden sich die Kiefer, mit denen der Käfer Löcher in Haselnüsse bohrt.

STECKBRIEF

- **GRÖSSE** Etwa 8 mm
- **LEBENSRAUM** Haselsträucher in Wäldern
- **VERBREITUNG** Europa
- **NAHRUNG** Haselnüsse, Knospen und Blätter

VERWANDTSCHAFT
Einige nahe Verwandte des Haselnussbohrers legen ihre Eier in anderen Nüssen oder harten Früchten ab. Diese Art bohrt Eicheln an.

WIRKLICH ERSTAUNLICH!

ETWA 60000 ARTEN

Rüsselkäfer kommen weltweit vor. Die meisten sind auf eine bestimmte Pflanzenart spezialisiert.

EIER — Ein Weibchen legt bis zu 30 Eier.

0 5 10 15 20 25 30 35

SCHÄDEN — Manche Rüsselkäfer richten an Nutzpflanzen Schäden an.

IM HAUS — Auch im Mehl und Getreide kann man Rüsselkäfer finden.

LEBENSERWARTUNG DES KÄFERS: 2-3 MONATE

Form und Länge der Schnauze unterscheiden sich bei jeder Rüsselkäferart.

Auf seinen stämmigen Beinen krabbelt der Käfer über Blätter und Zweige.

Spezialisiert auf eine Pflanze

Der Haselnussbohrer verbringt sein ganzes Leben auf einem Haselstrauch. Die Käfer verspeisen die Knospen und die Weibchen legen ihre Eier in die Nüsse. Die Larven ernähren sich vom Inhalt der Nuss. Dann lassen sie sich auf den Boden fallen, vergraben sich und verwandeln sich in erwachsene Käfer.

RÜSSELKÄFER-PARADE

Viele Rüsselkäfer sehen ungewöhnlich aus. Manche sind bunt gemustert, andere tragen wilde Büschel aus farbigen Borsten.

REGENWALDBEWOHNER
In den Regenwäldern Neuguineas kommt dieser Käfer vor. Er ist mit winzigen Schuppen bedeckt, die in der Sonne blau und türkis schillern.

PALMENSCHÄDLING
Dieser große rostrote Rüsselkäfer ist eine von vielen Arten, die Kulturpflanzen schädigen. Die Larven bohren Gänge in Palmen, sodass diese schließlich absterben.

WIESENBEWOHNER
Der Körper dieses hübschen kleinen Rüsselkäfers ist behaart und senfgelb gefleckt. Er lebt auf Wiesen in Europa.

AUFFÄLLIGE BORSTEN
Mit den bunten Borstenbüscheln am Rücken lockt diese Rüsselkäferart aus Madagaskar Partner an.

KÖRPERBAU

EXTREM PLATTER KÖRPER
GESPENSTLAUFKÄFER

Viele kleine Tiere verbergen sich in der Borke von Bäumen vor hungrigen Vögeln. In den Wäldern Südostasiens sind sie dort aber nicht in Sicherheit. Ein seltsames Insekt macht Jagd auf sie: der Gespenstlaufkäfer. Mit seinem abgeflachten Körper kann er unter lose Rindenstücke kriechen. Sein Kopf ist so schmal, dass er in engen Spalten nach Maden und Schnecken stöbern kann. Mit den Fühlern tastet er im Dunkeln nach Beute, die er dann mit seinen sichelförmigen Kiefern packt.

STECKBRIEF
- **GRÖSSE** Bis zu 10 cm lang
- **LEBENSRAUM** Regenwälder
- **VERBREITUNG** Südostasien
- **NAHRUNG** Insekten und Schnecken

WIRKLICH ERSTAUNLICH!

ETWA 5 ARTEN
Alle Gespenstlaufkäferarten kommen in Südostasien vor.

ABWEHR Um Fressfeinde abzuschrecken, sondert der Käfer eine übel riechende Flüssigkeit ab.

AKTIVITÄT Diese Art jagt in der Nacht.

WACHSTUM Es dauert neun Monate, bis die Larven ausgewachsen sind.
Monate 1 2 3 4 5 6 7 8 9 10 11 12

LEBENSERWARTUNG 2–3 JAHRE

KÖRPERBAU

UNSICHTBAR
Die flachen Deckflügel des Käfers sind am Rand sehr dünn und durchscheinend. Er ist deshalb kaum zu sehen, wenn er über abgestorbene Blätter am Waldboden läuft.

FLACHSTES INSEKT

BEHAARTE FLÜGEL
Manche Zwergwespen haben gar keine oder nur kurze Flügel. Bei anderen sind die Flügelränder mit Haaren gesäumt. Die Flügel sehen aus, als wären sie nicht zu gebrauchen. Aber weil die Zwergwespen so klein sind, reichen sie aus, um das Insekt durch die Luft zu bewegen.

KLEINSTES FLIEGENDES INSEKT

UNGLAUBLICH WINZIG
ZWERGWESPE

Zwergwespen gehören zu den kleinsten Insekten. Ihre Flügel sehen wie Federn aus. Diese Wespen legen ihre winzigen Eier in die Eier anderer Insekten. Wenn die Wespenlarve schlüpft, verspeist sie den Inhalt des Eis und verwandelt sich schließlich in ein erwachsenes Insekt. Nun nimmt sie keine Nahrung mehr auf. Sie sucht sich einen Partner, um sich fortzupflanzen, und stirbt schon bald danach. Das Männchen einer Art aus Costa Rica ist das kleinste Insekt der Erde.

STECKBRIEF

- **GRÖSSE** Bis zu 5,4 mm lang, die meisten Arten erreichen aber nur 0,5–1 mm.
- **LEBENSRAUM** In vielen Lebensräumen, manche Arten leben sogar im Wasser.
- **VERBREITUNG** Weltweit außer in den Polargebieten
- **NAHRUNG** Die Larven fressen Insekteneier, die Erwachsenen trinken Nektar, Honigtau oder nehmen keine Nahrung auf.

WIRKLICH ERSTAUNLICH!

ETWA 1400 ARTEN

Zwergwespen leben fast überall, sind aber so klein, dass wir sie oft nicht bemerken.

REKORD Die kleinsten Arten sind nur so groß wie der Punkt am Ende dieses Satzes.

EIER Das Weibchen legt bis zu 100 Eier.

AKTIVITÄT Diese Insekten sind tagaktiv. Die meisten leben einzeln.

IM WASSER Arten, die im Wasser leben, setzen die Flügel zum Schwimmen ein.

HÖCHSTALTER DER WESPE: 1,5 TAGE

LÄNGSTER RÜSSEL
SCHWÄRMER

Kein anderer Schmetterling hat einen so langen Rüssel wie dieser Nachtfalter aus Madagaskar. Mit ihm erreicht er den zuckerhaltigen Nektar, der sich in der langen Röhre einer Orchideenblüte bildet. Die weiße Orchidee duftet in der Nacht betörend und lockt Falter aus weiter Entfernung an. Weil kein anderes Insekt an den Nektar gelangen kann, ist dem Schwärmer seine Mahlzeit sicher.

Mit seinen breiten Flügeln ist das Insekt ein guter Flieger.

Dieser Schwärmer steht beim Trinken nicht in der Luft vor der Blüte wie andere Schwärmerarten, sondern hält sich mit seinen Beinen an ihr fest.

Süßer Trank
Der Falter landet auf der Orchideenblüte. Er rollt seinen langen Rüssel aus, steckt ihn in den Sporn der Blüte und trinkt den Nektar. Dann fliegt er zur nächsten Blüte. Dabei transportiert er Blütenpollen von einer Pflanze zur nächsten. Der Pollen bestäubt die Blüten, sodass sie Samen bilden können.

Die Blütenblätter sind weiß und deshalb auch nachts gut zu erkennen.

Der Sporn der Orchidee bildet eine schmale Röhre.

Der lange Rüssel des Schwärmers

Der Rüssel des Schwärmers ist 5-mal so lang wie sein Körper.

SPIRALE

Wenn der Schwärmer seinen enorm langen Rüssel gerade nicht braucht, rollt er ihn unter dem Kopf zusammen. Der Rüssel funktioniert wie ein Strohhalm. Der Falter saugt mit ihm den süßen Nektar ein.

STECKBRIEF

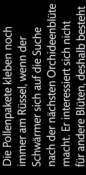

- **GRÖSSE** Etwa 6,5 cm lang (ohne Rüssel)
- **LEBENSRAUM** Tropische Wälder
- **VERBREITUNG** Madagaskar und Ostafrika
- **NAHRUNG** Erwachsene Falter trinken Nektar, Raupen fressen Blätter.

Am Ende des langen Sporns wird Nektar gebildet. Nur diese Schwärmerart kann ihn erreichen.

LIEFERSERVICE

1
2
3

Die Orchidee lockt den Nachtfalter an, damit er ihre Blüten bestäubt, indem er den Pollen zu einer anderen Blüte derselben Art transportiert. Der Pollen ist zu zwei kugeligen Massen verklebt. Wenn der Falter seinen Rüssel aus der Blüte zieht, haften diese Pollenpakete an ihm.

Die Pollenpakete kleben noch immer am Rüssel, wenn der Schwärmer sich auf die Suche nach der nächsten Orchideenblüte macht. Er interessiert sich nicht für andere Blüten, deshalb besteht keine Gefahr, dass er den Pollen zur falschen Pflanzenart transportiert.

Wenn der Schwärmer eine neue Orchideenblüte findet, entrollt er seinen Rüssel, um Nektar zu trinken. Dabei befruchten die Pollenpakete die Blüte, sodass sie Samen bilden kann. Der Bestäuber hat seine Aufgabe erledigt und wird mit süßem Blütennektar für seinen Lieferservice belohnt.

WIRKLICH ERSTAUNLICH!

AKTIVITÄT		**ABWEHR**
Schwärmer gehören zu den Nachtfaltern. Die meisten sind nachtaktiv.		Wenn diese Falter ruhen, sind sie in ihrem Lebensraum gut getarnt.
REKORD		**FLÜGELSCHLÄGE**
Der Rüssel ist bis zu 35 cm lang.		Schwärmer schlagen rasch mit den Flügeln und fliegen blitzschnell.

ETWA 1450 ARTEN
Viele Schwärmerarten kommen weltweit vor.

HÖCHSTALTER DES FALTERS
19 WOCHEN

KÖRPERBAU

SCHILLERNDE FARBEN
BLATTHORNKÄFER

Zur Gruppe der Blatthornkäfer gehören einige der schönsten Insekten. Sie sind bunt und schimmern, als ob sie aus edlen Metallen bestünden. Dieser Effekt kommt zustande, weil der Panzer das Licht auf eine bestimmte Weise reflektiert. Viele der Käfer schimmern grün oder rot, aber diese Art, die in Zentralamerika vorkommt, sieht aus, als wäre sie aus purem Gold. So ist der Käfer gut getarnt, denn er glänzt wie die Regentropfen auf den Blättern der Regenwaldbäume.

STECKBRIEF

- **GRÖSSE** Bis zu 3 cm lang
- **LEBENSRAUM** Tropischer Regenwald
- **VERBREITUNG** Zentralamerika
- **NAHRUNG** Blätter

WIRKLICH ERSTAUNLICH!

ETWA 65 ARTEN

Diese Käfergruppe kommt in Süd- und Zentralamerika und im Südwesten der USA vor.

HÖCHSTALTER DES KÄFERS: 3 MONATE

 AKTIVITÄT Die Käfer sind vor allem nachts aktiv und werden von Licht angelockt.

 ABWEHR Im Sonnenlicht verwirrt der schillernde Körper die Fressfeinde.

 WERTVOLL Sammler bezahlen für einen solchen Käfer bis zu 350 €.

 GEFÄHRDUNG Gefährdet wegen Zerstörung des Lebensraums und durch Sammler

KÖRPERBAU

GOLDGRÄBER
Dieser goldglänzende Käfer ist an das Graben im Boden angepasst. Mit seinen breiten Vorderbeinen schiebt er wie mit Schaufeln die Erde beiseite.

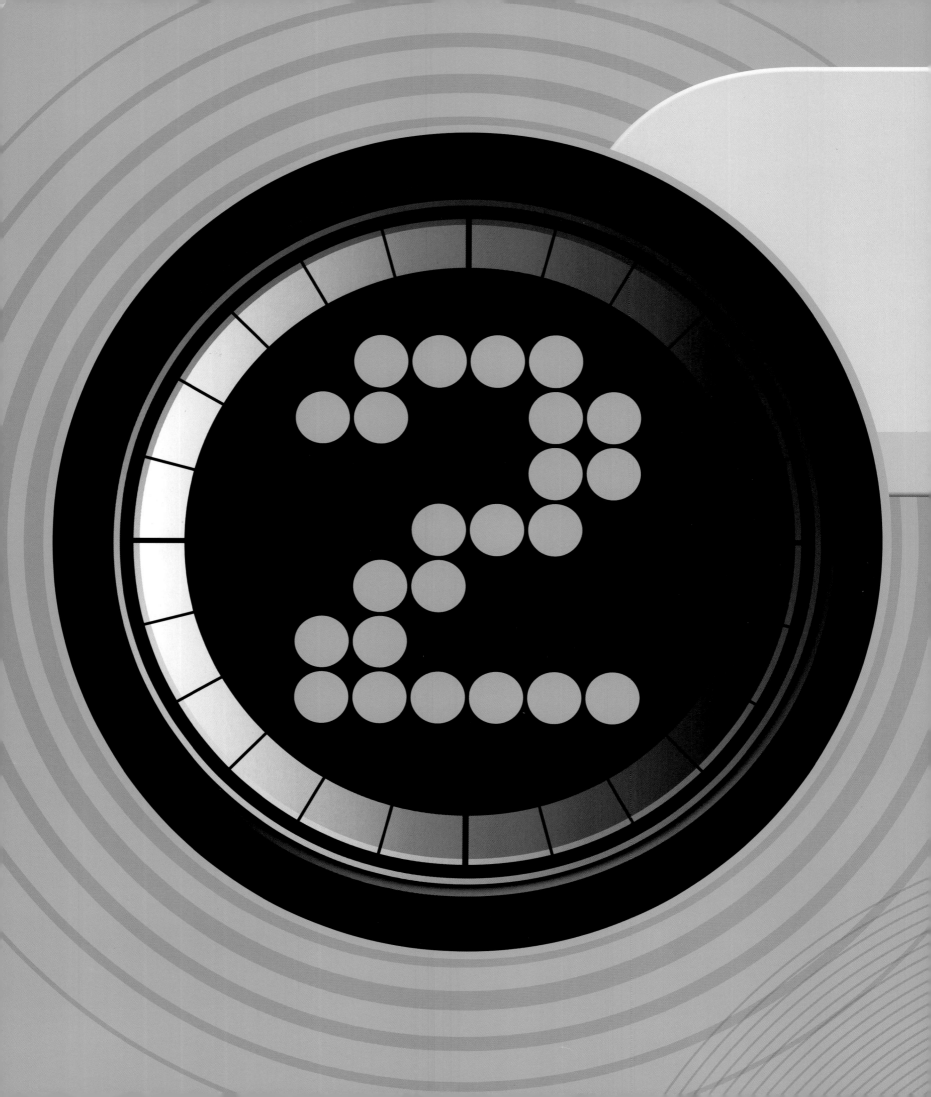

BESONDERE FÄHIGKEITEN

Egal ob sie krabbeln, hüpfen oder fliegen: Insekten und ihre Verwandten halten viele Rekorde. Obwohl sie so klein sind, rennen manche von ihnen extrem schnell. Andere können sehr hoch springen oder sind erstaunlich geschickte Flieger. Sie setzen ihre Fähigkeiten ein, um zu jagen, Nahrung zu finden oder vor Gefahren zu fliehen.

WEITESTE WANDERUNG

WINTERRUHE
Im Winter versammeln sich viele Monarchfalter in den Wäldern Kaliforniens und Mexikos. Dort bleiben sie 4 Monate lang. Sie schlafen in dichten Schwärmen auf ausgewählten Bäumen. Im Frühjahr ziehen sie wieder in den kälteren Norden.

LANGSTRECKEN-FLIEGER
MONARCHFALTER

Schmetterlinge wirken sehr zerbrechlich, wenn sie von Blüte zu Blüte flattern, um Nektar zu sammeln. Aber manche Arten legen erstaunlich weite Strecken zurück. Einige überqueren ganze Kontinente und überfliegen sogar Meere. Der Amerikanische Monarchfalter hält den Rekord. In mehreren Generationen zieht er im Sommer durch ganz Nordamerika bis zur kanadischen Grenze. Die letzte Generation fliegt dann den ganzen Weg wieder zurück, um in Kalifornien oder Mexiko den Winter zu verbringen. Manche fliegen bis zu 4800 Kilometer weit.

STECKBRIEF

- **GRÖSSE** Flügelspanne bis zu 11 cm
- **LEBENSRAUM** Warme Wälder im Winter, Wiesen im Sommer
- **VERBREITUNG** Nordamerika und nördliches Südamerika. Hat sich auch in Australien und Neuseeland ausgebreitet.
- **NAHRUNG** Die Falter trinken Nektar, die Raupen fressen an Seidenpflanzen.

WIRKLICH ERSTAUNLICH!

12 ARTEN
Die meisten Falter werden etwa 4 Wochen alt, überwinternde Tiere leben 8 Monate lang.

STRECKE
Beim Flug in den Süden legen die Falter täglich bis zu 80 km zurück.
km 10 20 30 40 50 60 70 80 90

FLUG IN DEN SÜDEN
Jedes Jahr machen sich bis zu 300 Millionen Falter auf die Reise.

EIER
Ein Weibchen legt bis zu 1200 Eier.

GEWICHT
BIS ZU 0,75 GRAMM

BESONDERE FÄHIGKEITEN

WELTMEISTER IM HOCHSPRUNG
SCHAUMZIKADE

Die Schaumzikade sieht zwar unscheinbar aus, aber sie ist eine Spitzensportlerin. Im Verhältnis zu ihrer Größe kann sie höher springen als alle anderen Tiere. Dabei wirken auf ihren Körper Kräfte ein, die jeden Menschen umbringen würden. Das Insekt hat spezielle Muskeln, die Energie speichern können. Wenn sie plötzlich freigesetzt wird, wird die Zikade in die Luft katapultiert.

Vorn im Kopf befinden sich starke Muskeln, die beim Saugen von Pflanzensaft zum Einsatz kommen.

Mit den hervortretenden Komplexaugen hält die Zikade nach Gefahren Ausschau.

STECKBRIEF

- **GRÖSSE** 6 mm lang
- **LEBENSRAUM** Wälder, Wiesen, Gärten
- **VERBREITUNG** Europa, Asien, Nordamerika und Neuseeland
- **NAHRUNG** Pflanzensaft

Pflanzensaft-Sauger
Zikaden gehören zur Gruppe der Schnabelkerfe. Diese Insekten saugen mit ihren Mundwerkzeugen flüssige Nahrung ein. Wie viele ihrer Verwandten trinkt diese Zikadenart den zuckerhaltigen Saft von Gräsern und anderen Pflanzen. Sie kann laufen und fliegen. Bei Gefahr hüpft sie aber davon.

WIRKLICH ERSTAUNLICH!

ETWA 2500 ARTEN
Schaumzikaden sind sehr anpassungsfähig. Sie leben weltweit auf unterschiedlichen Pflanzen.

REKORD Die Sprunghöhe beträgt bis zu 70 cm.

ABSPRUNG Die Absprunggeschwindigkeit beträgt ungefähr 4 m/s.

LEBENSERWARTUNG DER ZIKADE: 3–4 MONATE

Die Zikade beschleunigt mit dem 400-fachen der Schwerkraft.

SCHAUMNEST

Weibchen legen ihre Eier auf Pflanzen ab. Wenn die Larven schlüpfen, saugen sie wie ihre Eltern Pflanzensaft. Vor hungrigen Vögeln verstecken sie sich dabei in einem Nest aus Schaum. Sie scheiden eine Flüssigkeit ab und blasen Luft hinein. So entsteht die schaumige Masse.

Den weißen Schaum nennt man auch Kuckucksspeichel.

Die Zikade faltet ihre Flügel wie ein Dach über dem Körper zusammen.

Die Beine sind so robust, dass sie nicht brechen, wenn sich das Insekt in die Luft katapultiert.

DER SPRUNG

Zwei große Muskeln bewegen die Hinterbeine. Wie eine gespannte Feder können sie Energie zum Sprung speichern.

COUNTDOWN
Wenn die Zikade Gefahr wahrnimmt, kauert sie sich nieder und beugt die Hinterbeine. Sie rasten ein. Dabei werden die kräftigen Muskeln angespannt.

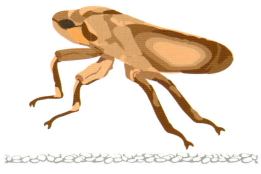

ZÜNDUNG
Innerhalb einer Sekunde baut sich in den Muskeln so viel Spannung auf, dass der Einrastmechanismus gelöst wird. Die Beine strecken sich in einer Tausendstelsekunde.

ABSPRUNG
Plötzlich wird die Zikade in die Luft katapultiert. Sie beschleunigt mit der 80-fachen Kraft, die auf Astronauten einwirkt, wenn sie ins Weltall starten.

FLOH IM SPRUNG

Wenn sich die Hinterbeine strecken, wird der Floh 30 cm in die Höhe katapultiert.

Die winzigen Flöhe, die das Blut von Katzen und anderen Tieren saugen, springen mit einem ähnlichen Mechanismus auf ihre Opfer. Große Beinmuskeln pressen Polster aus dem elastischen Material Resilin zusammen. Dabei wird Energie gespeichert und das Bein rastet ein. Wenn der Einrastmechanismus sich löst, streckt sich das Bein und der Floh schnellt in die Höhe.

BESONDERE FÄHIGKEITEN

PERFEKTE FLUGKONTROLLE
SCHWEBFLIEGE

Die meisten Insekten haben zwei Flügelpaare. Fliegen und Mücken besitzen jedoch nur ein Paar. Das hintere Paar ist zu Schwingkölbchen umgebildet. Viele Fliegen sind wegen dieser kleinen Gebilde unglaublich gute Flieger. Schwebfliegen zum Beispiel können nach vorn, nach hinten, zur Seite und auf der Stelle fliegen.

Die langen, schmalen Flügel sind an den wendigen Flugstil angepasst.

Mit ihren schwarzen und gelben Streifen sieht die Fliege aus wie eine Wespe.

Flugsteuerung

Die schlanke Schwebfliege trinkt Nektar und ist hervorragend an das Fliegen angepasst. Ihre schmalen Flügel kann sie unglaublich präzise bewegen. So steuert sie innerhalb von Sekunden genau dorthin, wo sich die Blüte befindet. Kein Luftzug bringt sie vom Kurs ab.

Trotz der Warntracht hat das Insekt keinen Stachel und ist völlig harmlos.

STECKBRIEF

- **GRÖSSE** Bis zu 18 mm lang
- **LEBENSRAUM** Wälder, Wiesen und Gärten
- **VERBREITUNG** Weltweit außer in der Antarktis
- **NAHRUNG** Die Fliegen trinken Nektar, die Larven fressen tierische oder pflanzliche Abfälle oder erbeuten andere Insekten.

BIENE ODER FLIEGE?

Viele Schwebfliegen ähneln Wespen oder Bienen. Die Honigbiene und die Schwebfliege rechts sehen fast gleich aus. Man nennt dies Mimikry. Vögel und andere Räuber greifen Insekten, die schmerzhaft stechen können, seltener an. Dies nutzt die harmlose Fliege aus, indem sie die wehrhafte Biene imitiert.

Honigbiene   **Schwebfliege**

Mit den kurzen Fühlern nimmt das Insekt Veränderungen der Windgeschwindigkeit wahr. Dies trägt zur perfekten Flugsteuerung bei.

Mit ihren riesigen Komplexaugen kann die Fliege Partner und Rivalen erspähen.

Muskeln in der Brust bewegen die Flügel und die Schwingkölbchen.

Die Schwingkölbchen befinden sich dort, wo bei anderen Insekten das zweite Flügelpaar ansetzt.

Schwingkölbchen

WIRKLICH ERSTAUNLICH!

ETWA 6000 ARTEN

Schwebfliegen kann man überall dort beobachten, wo es viele nektarhaltige Blüten gibt.

ABWEHR
Weil die Fliegen aussehen wie wehrhafte Wespen oder Bienen, werden sie seltener erbeutet.

AKTIVITÄT
Schwebfliegen sind tagaktiv. Wie Bienen sind sie wichtige Blütenbestäuber.

GESCHWINDIGKEIT
Eine Schwebfliege kann im Flug bis zu 3,5 m/s erreichen.

WACHSTUM
Es dauert etwa 25 bis 30 Tage, bis sich aus einem Ei eine Fliege entwickelt.

LEBENSERWARTUNG DER FLIEGE: BIS ZU 6 WOCHEN

AUF AUTOPILOT

Die Hinterflügel einer Schwebfliege sind zu kleinen Schwingkölbchen umgebildet, die beim Fliegen schnell schlagen. Sinnesorgane an ihrer Basis nehmen wahr, wenn die Fliege vom Kurs abkommt, und senden Signale zu den Flugmuskeln. So wird die Richtung automatisch korrigiert.

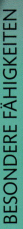

SPRUNGHAFTER ANGREIFER
SPRINGSPINNE

Viele Spinnen weben Netze, mit denen sie ihre Beute fangen. Sie haben keine guten Augen. Anders die kleine Springspinne: Sie fixiert ihr Opfer mit ihren riesigen, scharfsichtigen Augen. Dann springt sie es an, um es zu überwältigen, ganz ähnlich wie eine Raubkatze.

Mit den hinteren Beinen springt die Spinne ab. Sie pumpt Körperflüssigkeit hinein, um sie zu strecken.

Die Sicherheitsleine besteht aus besonders stabiler Seide.

SICHERHEITSLEINE

Alle Spinnen haben Seidendrüsen am Hinterleib. Aus der Seide weben sie Netze und Kokons. Die Springspinne aber verwendet die Seide anders. Wie ein Bergsteiger sichert sie sich mit einem Seidenfaden, wenn sie klettert oder springt. Stürzt sie ab, kann sie sich wieder hochziehen.

Mit den kräftigen Vorderbeinen packt die Spinne ihre Beute.

Tödlicher Sprung

Springspinnen sind flinke Jäger mit verschiedenen Augentypen, die daran angepasst sind, die Beute zu erspähen und zu fixieren. Entdeckt die Spinne zum Beispiel eine Fliege, nähert sie sich ihrem Opfer. Dann springt sie plötzlich auf die Beute und tötet sie mit einem giftigen Biss.

STECKBRIEF

- **GRÖSSE** Bis zu 22 mm lang
- **LEBENSRAUM** Wälder, Gebüsche, Gärten und Bergregionen
- **VERBREITUNG** Weltweit
- **NAHRUNG** Insekten und andere Spinnen

AUFFÄLLIGE BALZ

Farben und Muster spielen im Leben vieler Springspinnen eine wichtige Rolle, besonders bei der Balz. Das Männchen der australischen Pfauenspinne hat sogar zwei bunte Platten am Hinterleib, die es beim Werben um Weibchen hebt. Es schwenkt sein drittes Beinpaar, dessen Fußspitzen weiß sind. Auf diese Weise balzt es manchmal über eine halbe Stunde lang.

Mit dem großen Augenpaar in der Mitte fixiert die Räuberin ihr Opfer.

Die beiden kleinen, nach vorn weisenden Augen sorgen für ein weites Blickfeld. Wenn sich die Beute bewegt, nehmen sie sie wahr.

WINZIGE JÄGERIN

Diese asiatische Springspinne auf dieser Münze ist winzig. Aber sie ist eine furchtlose Jägerin, die sich darauf spezialisiert hat, andere Spinnen zu erbeuten. Oft sind ihre Opfer größer als sie selbst und könnten sie leicht töten. Sie schleicht sich zum Netz und zupft an den Seidenfäden, um die Spinne anzulocken. Dann springt sie auf die Beute und beißt zu.

Körper und Beine sind mit Sinnesborsten bedeckt, die Luftströmungen wahrnehmen.

WIRKLICH ERSTAUNLICH!

MEHR ALS 5000 ARTEN
Die meisten Springspinnen kommen in den Tropen vor. Eine Art lebt jedoch an den Hängen des Mount Everest.

SPRUNGWEITE
Manche Springspinnen können bis zu 30-mal so weit springen, wie ihr Körper lang ist.

ABWEHR
Diese Spinnen erkennen Gefahren frühzeitig. Viele Arten sind dazu gut getarnt.

REKORD
Kein Landtier lebt in so großer Höhe wie eine Springspinnenart im Himalaja.

AKTIVITÄT
Springspinnen jagen vor allem tagsüber.

LEBENSERWARTUNG: 12 MONATE

BESONDERE FÄHIGKEITEN

Springspinnen sind intelligente Jäger, die aus Erfahrung lernen.

SUPER-AUGEN

Im Verhältnis zum Körper sind die Hauptaugen der Springspinne riesig. Die Linsen sind starr, aber die Spinne kann die Augen bewegen, um das Opfer ins Visier zu nehmen. Wie ein Fernglas nehmen die Augen jedes Detail wahr. Die Spinne kann Entfernungen einschätzen und weiß genau, wie weit sie springen muss. Mit den kleineren Augen erkennt sie weniger Einzelheiten, aber sie vergrößern das Blickfeld.

SUPERSAUGER
Mit seinem erstaunlich langen Saugrüssel kann dieser Falter auch in sehr tiefe Blütenkelche gelangen. Weil das nur wenige Insekten schaffen, enthalten solche Blüten viel Nektar. Das Taubenschwänzchen schwirrt bei der Nahrungssuche blitzschnell von einer Blüte zur anderen.

SCHWIRRFLUG-EXPERTE
TAUBEN-SCHWÄNZCHEN

Die meisten Nachtfalter sind nachts aktiv, einige Arten sind jedoch tagsüber unterwegs. Zu ihnen gehört das Taubenschwänzchen. Wenn es von Blüte zu Blüte schwirrt, um Nektar zu trinken, sieht es aus wie ein kleiner Kolibri. Auch seine Flügel summen ganz ähnlich. Dieser Falter kann sehr schnell fliegen. Einige Taubenschwänzchen ziehen von Afrika nach Europa, um bei uns den Sommer zu verbringen. Das Mittelmeer überfliegen sie ohne Zwischenstopp.

STECKBRIEF

- **GRÖSSE** Flügelspanne bis zu 5 cm
- **LEBENSRAUM** Wälder, Wiesen mit vielen Blüten sowie Gärten
- **VERBREITUNG** Europa, Asien und Nordafrika
- **NAHRUNG** Die Falter trinken Nektar, die Raupen fressen die Blätter von Labkräutern und anderen Pflanzen.

WIRKLICH ERSTAUNLICH!

ETWA 119 ARTEN
Die meisten Verwandten dieses Falters kommen in Südostasien vor.

EIER Das Weibchen legt bis zu 200 Eier – jedes auf eine eigene Pflanze.

FLÜGELSCHLÄGE Der Falter schlägt bis zu 80-mal pro Sekunde mit seinen Flügeln.

SAUGRÜSSEL Der Saugrüssel ist bis zu 2,8 cm lang. Kein anderer Falter in Europa kann da mithalten.

HÖCHSTALTER DES FALTERS 4 MONATE

BESONDERE FÄHIGKEITEN

SUPERSPRINTER
SPINNENLÄUFER

Der Spinnenläufer ist darauf spezialisiert, Insekten und Spinnen über offene Flächen zu jagen. Wände und Fußböden im Haus sind für ihn deshalb ideale Reviere. Wie alle Hundertfüßer fühlt er sich besonders an feuchten Orten wohl, deshalb sieht man ihn am häufigsten im Keller oder im Bad. Wenn er aus seinem Versteck flitzt, um ein Opfer zu packen, kann er einem einen ganz schönen Schrecken einjagen.

Auf den langen Beinen setzt sich die Bänderung des Körpers fort.

JEDE MENGE BEINE

Die meisten Hundertfüßer haben ungefähr 35 Beinpaare, der Spinnenläufer aber besitzt nur 15. Die Beine sind ungewöhnlich lang und werden vom Kopf bis zum Hinterende länger. Deshalb verheddern sie sich beim Laufen nicht. Wie bei allen Hundertfüßern bewegen sich die Beine in einer Wellenbewegung. Diese Art ist besonders schnell. Nur wenige kleine Tiere können ihm entkommen.

Mit den langen, schlanken Fühlern riecht und ertastet das Tier seine Beute.

Komplexaugen

Mit den Kieferklauen wird dem Opfer Gift eingespritzt.

KOMPLEXAUGEN

Dieser Jäger hat scharfsichtige Komplexaugen, die aus vielen einzelnen Augen bestehen. Viele andere Hundertfüßer dagegen besitzen nur kleine, einfache Punktaugen. Obwohl der Spinnenläufer so gut sieht, jagt er meistens in der Nacht. Dann ertastet er seine Beute in der Dunkelheit.

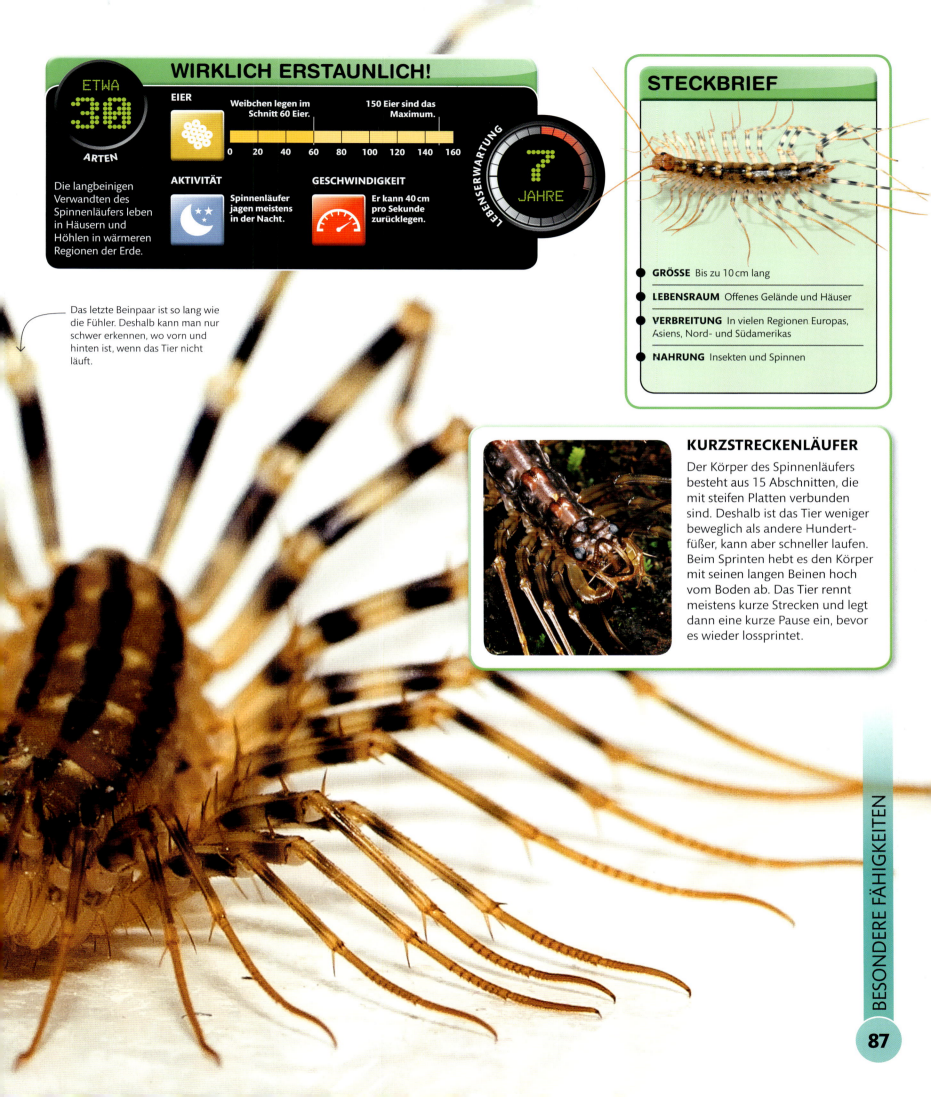

WIRKLICH ERSTAUNLICH!

ETWA 38 ARTEN

Die langbeinigen Verwandten des Spinnenläufers leben in Häusern und Höhlen in wärmeren Regionen der Erde.

EIER Weibchen legen im Schnitt 60 Eier. 150 Eier sind das Maximum.

0 20 40 60 80 100 120 140 160

AKTIVITÄT Spinnenläufer jagen meistens in der Nacht.

GESCHWINDIGKEIT Er kann 40 cm pro Sekunde zurücklegen.

LEBENSERWARTUNG 7 JAHRE

Das letzte Beinpaar ist so lang wie die Fühler. Deshalb kann man nur schwer erkennen, wo vorn und hinten ist, wenn das Tier nicht läuft.

STECKBRIEF

- **GRÖSSE** Bis zu 10 cm lang
- **LEBENSRAUM** Offenes Gelände und Häuser
- **VERBREITUNG** In vielen Regionen Europas, Asiens, Nord- und Südamerikas
- **NAHRUNG** Insekten und Spinnen

KURZSTRECKENLÄUFER

Der Körper des Spinnenläufers besteht aus 15 Abschnitten, die mit steifen Platten verbunden sind. Deshalb ist das Tier weniger beweglich als andere Hundertfüßer, kann aber schneller laufen. Beim Sprinten hebt es den Körper mit seinen langen Beinen hoch vom Boden ab. Das Tier rennt meistens kurze Strecken und legt dann eine kurze Pause ein, bevor es wieder lossprintet.

BESONDERE FÄHIGKEITEN

SCHNELLSTER KÄFER

SCHILLERND GRÜN

Der grüne Körper des Käfers schillert im Sonnenlicht, wenn er seine Beute über offene Flächen jagt. Mit den langen Fühlern spürt er seine Opfer auf. Auch Hindernisse nimmt er mit ihnen rechtzeitig wahr.

AUF DER ÜBERHOLSPUR
SANDLAUFKÄFER

Im Verhältnis zu seiner Körpergröße kann kaum ein Tier so schnell laufen wie der Sandlaufkäfer. Dieses Insekt erreicht bis zu 9 Stundenkilometer! In einer Sekunde legt es eine Strecke zurück, die der 125-fachen Länge seines Körpers entspricht. Der Gepard, das schnellste Landtier, erreicht 120 Stundenkilometer. Pro Sekunde entspricht das aber nur der 23-fachen Länge seines Körpers. Wenn der Käfer rennt, kann er seine Umgebung kaum noch wahrnehmen. Aber er hat genügend Zeit, um anzuhalten und zu prüfen, ob er noch in die richtige Richtung läuft.

STECKBRIEF

- **GRÖSSE** 12–15 mm lang
- **LEBENSRAUM** Offene Flächen mit trockenem, sandigem oder kalkhaltigem Boden
- **VERBREITUNG** Europa und Asien
- **NAHRUNG** Insekten und Spinnen

WIRKLICH ERSTAUNLICH!

ETWA 2600 ARTEN
Sandlaufkäfer leben weltweit vor allem in sandigen Gebieten.

REKORD  Sandlaufkäfer in Australien können 2,5 m pro Sekunde zurücklegen.

ABWEHR Diese Käfer fliegen schnell und können kräftig beißen.

AKTIVITÄT Sandlaufkäfer sind an warmen Tagen am aktivsten.

LEBENSERWARTUNG 2–3 JAHRE

BESONDERE FÄHIGKEITEN

TÖDLICHE ZANGENKIEFER

Kein Käfer hat so gute Augen wie der Sandlaufkäfer. Sie sind groß und stark gewölbt. Mit ihnen hält er nach Beute Ausschau. Seine riesigen, gezähnten Kiefer schneiden das Außenskelett des Opfers auf. Dann verspeist er den weichen Inhalt. Anschließend ruht er, um die Mahlzeit zu verdauen.

HART IM NEHMEN
BÄRTIERCHEN

Dieses Tier ist nicht nur eines der kleinsten Tiere der Erde, sondern auch unvorstellbar robust. Bärtierchen leben auf feuchtem Moos und in Teichen. Dort ernähren sie sich von Mikroben und Pflanzensäften. Wenn ihr Lebensraum austrocknet, können sie viele Jahre lang in einem Trockenstadium überdauern. Jedes andere Tier würde sterben. Wenn es regnet, erwachen die Bärtierchen wieder zum Leben. Sie beginnen zu fressen, als wäre überhaupt nichts geschehen.

TÖNNCHENSTADIUM
Bei Wasser- und Nahrungsmangel trocknet der Körper aus und verschrumpelt. Man nennt diesen Zustand Tönnchenstadium. So kann das Tier extreme Kälte und Hitze überstehen. Auch radioaktive Strahlung macht ihm nichts aus. Wissenschaftler haben Bärtierchen sogar in den Weltraum geschickt. Und die tierischen Astronauten haben überlebt!

STECKBRIEF
- **GRÖSSE** Bis zu 1,2 mm lang
- **LEBENSRAUM** Moose, Wasserpflanzen
- **VERBREITUNG** Weltweit
- **Nahrung** Pflanzenzellen und Mikroben

Mit den Sinnesborsten werden Gegenstände und Luftströmungen wahrgenommen.

Dickes Tierchen
Ein Bärtierchen hat acht kurze, stummelige Beine und einen rundlichen Körper. Unter dem Mikroskop ähnelt es einem kleinen Bären, wenn es in seinem nassen Lebensraum nach Nahrung sucht. Es sticht die Zellen von Pflanzen oder Mikroben an, um sie auszusaugen.

STERNFÖRMIGE EIER
Bärtierchen legen Eier mit einer harten, sternförmigen Schale. Meist schlüpft der Nachwuchs nach 2 Wochen, manchmal aber erst nach vielen Monaten.

Die harte Schale schützt das Ei vor Austrocknung.

Ähnlich wie bei einer Schmetterlingsraupe schützt eine elastische Haut den Körper.

Weil die kurzen Beine keine Gelenke haben, können sie in jede Richtung bewegt werden.

Scharfe Krallen und klebrige Sohlen sorgen für guten Halt.

Mit den Mundwerkzeugen sticht das Tier Zellen an, um sich vom Inhalt zu ernähren.

KLEINE WUNDERTIERE

Bärtierchen sind nicht die einzigen kleinen Tiere mit erstaunlichen Fähigkeiten. Auch winzige Rädertierchen, die in Teichen und anderen Süßgewässern leben, sterben nicht, wenn sie austrocknen. Ändern sich die Bedingungen, erwachen sie wieder zum Leben. Im ausgetrockneten Zustand können sie bis zu 9 Jahre lang überdauern. Ihr Körper regeneriert sich auf erstaunliche Weise. Sie nutzen sogar das genetische Material von Bakterien und anderen Mikroben, die sie verspeisen.

WIRKLICH ERSTAUNLICH!

EIER
Weibchen legen bis zu 30 Eier auf einmal. Sie können Monate trockene Monate überdauern.

TEMPERATUR
Bärtierchen überstehen Temperaturen von −200 °C bis 151 °C.

WASSERANTEIL
Im Tönnchenstadium enthält das Tier nur 3 % Wasser. 85 % Wasser sind normal.

0% 20% 40% 60% 80% 100%

BIS ZU 9 JAHRE
DAUER TÖNNCHENSTADIUM

ETWA 900
ARTEN

Bärtierchen kommen in vielen Lebensräumen vor – von Tropenwäldern bis in die Polargebiete.

BESONDERE FÄHIGKEITEN

SELTSAME FLUGTECHNIK
HUMMEL

Die Flügel der dicken, pelzigen Hummeln sind ziemlich klein. Wissenschaftler haben ausgerechnet, dass die Flügelfläche eigentlich nicht groß genug ist, um den Körper in der Luft zu halten. Dabei waren sie allerdings von Voraussetzungen ausgegangen, wie sie für Vogelflügel gelten. Hummeln fliegen jedoch anders. Sie schlagen mit ihren Flügeln nicht auf und ab, sondern vor und zurück. Die Flügel rotieren und biegen sich dabei. Sie erzeugen Luftströmungen, die für Auftrieb sorgen. Deshalb können Hummeln eben doch fliegen!

STECKBRIEF

- **GRÖSSE** Bis zu 2 cm lang
- **LEBENSRAUM** Wälder, Wiesen und Gärten
- **VERBREITUNG** Europa, westliches Asien und Nordafrika
- **NAHRUNG** Erwachsene Hummeln trinken Nektar, die Larven verzehren Pollen und Nektar.

WIRKLICH ERSTAUNLICH!

ETWA 250 ARTEN

Hummeln kommen fast weltweit vor, nur nicht in Australien und weiten Teilen Afrikas.

HÖCHSTALTER ARBEITERIN ETWA 6 WOCHEN

KOLONIE 50–400 Hummeln leben in einer Kolonie. Wie bei Honigbienen gibt es eine Königin.

UNTERIRDISCHES NEST Die meisten Arten bauen Nester in unterirdischen Hohlräumen wie Mauselöchern.

ABWEHR Hummeln können stechen, tun das aber nur, um sich zu verteidigen.

FLÜGELSCHLÄGE Eine Hummel schlägt etwa 200-mal pro Sekunde mit den Flügeln.

BESONDERE FÄHIGKEITEN

Eine Hummel besucht im Lauf ihres Lebens bis zu 200 000 Blüten.

LUFTAKROBATIN
Diese Hummel kann sogar im Schwebeflug vor einer Blüte stehen, wenn sie Blütennektar trinkt. Sie besucht im Lauf ihres Lebens Tausende von Blüten. Dabei transportiert sie Pollenkörner, die die Blüten bestäuben. Nur dann können sich Früchte mit Samen bilden.

SUPERGRÄBER

Die Grille gräbt mit ihren schaufelförmigen vorderen Beinen Gänge wie ein Maulwurf. Die restlichen Beine sind kürzer als die der meisten Grillen. Der Körper ist zylindrisch. Deshalb kann die Grille sich gut durch die Gänge bewegen.

MUSIKALISCHER ERDARBEITER
MAULWURFSGRILLE

Die kleine Maulwurfsgrille ist perfekt an das Graben in der Erde angepasst. In einem Netz aus Gängen sucht sie Nahrung. Hier bekommt sie auch ihren Nachwuchs und sie singt sogar unter der Erde! Im Frühjahr graben die Männchen einen speziellen Bau. Er hat eine Kammer, die den Schall verstärkt. Das Zirpen der Grille wird darin zu einem tiefen, durchdringenden Geräusch. Es lockt Weibchen aus bis zu 2 Kilometern Entfernung an.

STECKBRIEF

- **GRÖSSE** Bis zu 5 cm lang
- **LEBENSRAUM** Feuchte Wiesen und Felder
- **VERBREITUNG** Europa und westliches Asien
- **NAHRUNG** Wurzeln, Larven, Würmer

WIRKLICH ERSTAUNLICH!

ETWA 65 ARTEN

Maulwurfsgrillen leben weltweit in feuchten Wiesen.

FLUGSTRECKE — Einige Arten fliegen in der Paarungszeit bis zu 8 km weit.

km | 2 | 4 | 6 | 8 | 10

GRABEN — Maulwurfsgrillen können 15–20 cm tief graben.

cm | 5 | 10 | 15 | 20 | 25

HÖCHSTALTER DER GRILLE: 2 JAHRE

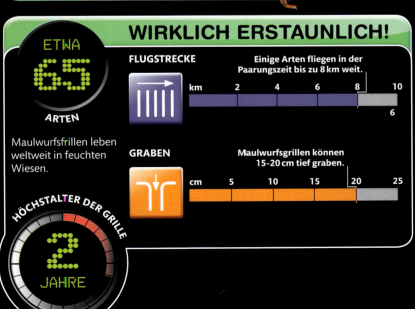

BESONDERE FÄHIGKEITEN

FLINKER LÄUFER
GROSSE WINKELSPINNE

Viele Menschen fürchten sich vor dieser Spinne, die sich gern in Häusern aufhält. Wenn sie über den Boden rennt, jagt sie den Bewohnern einen Schrecken ein. Männchen haben besonders lange Beine und sind sehr schnell. Sie sind auf der Suche nach Weibchen, die sich meistens in ihren tunnelförmigen Netzen verstecken.

Muskeln dehnen den Magen aus und ziehen ihn zusammen, wenn die Spinne Nahrung aufsaugt.

Große Giftdrüse

Gehirn

Die acht Augen stehen mit dem Gehirn in Verbindung.

GIFTKLAUEN

Mit ihren Kieferklauen spritzt die Spinne der Beute tödliches Gift ein. Ihr Speichel löst dann die Gewebe des Opfers auf und verwandelt sie in eine Art Suppe, die die Spinne aufsaugen kann.

Nerven, die mit dem Gehirn verbunden sind, steuern die Beine.

Teile des Verdauungssystems erstrecken sich bis in die Beine.

WIRKLICH ERSTAUNLICH!

ETWA 1200 ARTEN

Winkelspinnen, die schnell laufen können, kommen weltweit vor. Viele von ihnen leben in Häusern.

EIER
Das Weibchen legt etwa 60 bis 100 Eier, aber nur 2 Prozent überleben.

PAARUNG
Nach der Paarung frisst das Weibchen das Männchen manchmal auf.

NETZE
Die Spinnen weben in Zimmerecken Netze und lauern dort auf Beute.

GESCHWINDIGKEIT
Diese Spinne erreicht ungefähr 1,9 km/h.

LEBENSERWARTUNG: 1 JAHR

Keine Spinne läuft so schnell wie die Winkelspinne.

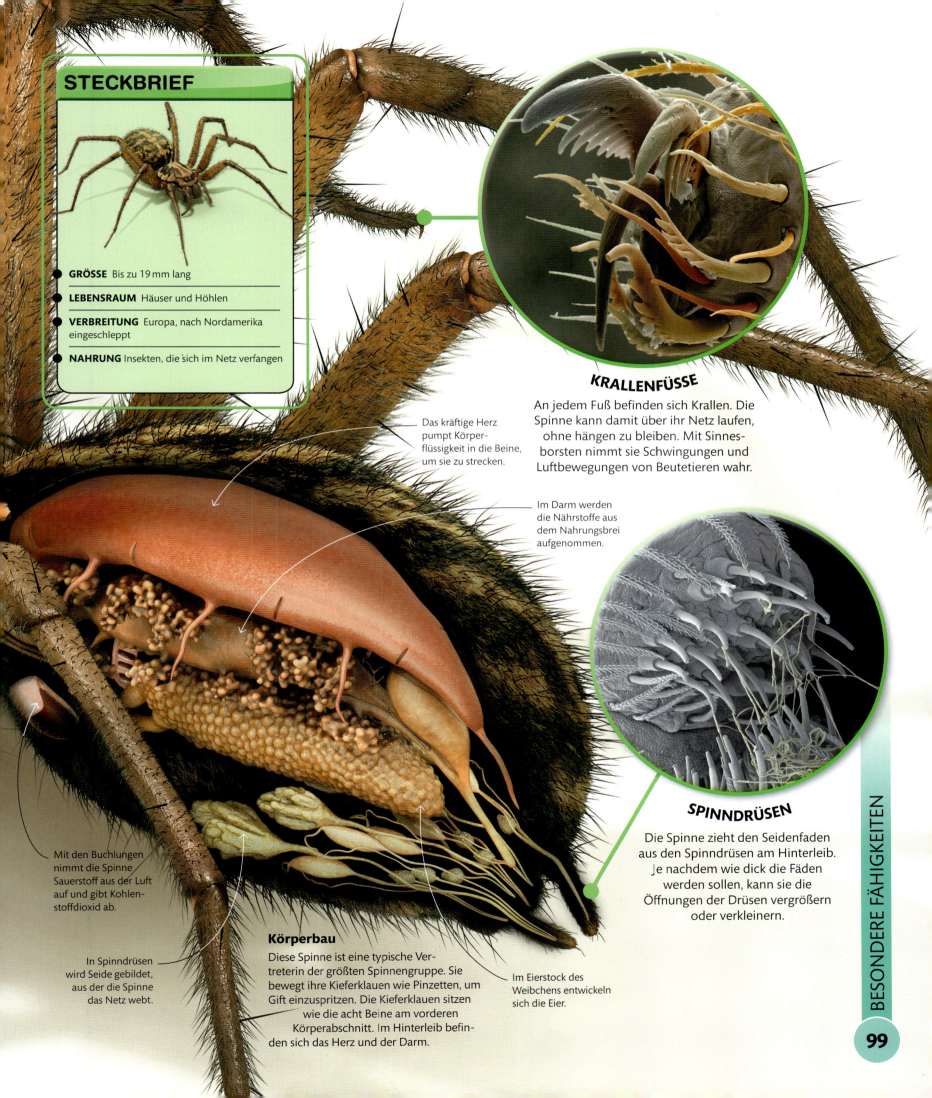

STECKBRIEF

- **GRÖSSE** Bis zu 19mm lang
- **LEBENSRAUM** Häuser und Höhlen
- **VERBREITUNG** Europa, nach Nordamerika eingeschleppt
- **NAHRUNG** Insekten, die sich im Netz verfangen

KRALLENFÜSSE

An jedem Fuß befinden sich Krallen. Die Spinne kann damit über ihr Netz laufen, ohne hängen zu bleiben. Mit Sinnesborsten nimmt sie Schwingungen und Luftbewegungen von Beutetieren wahr.

Das kräftige Herz pumpt Körperflüssigkeit in die Beine, um sie zu strecken.

Im Darm werden die Nährstoffe aus dem Nahrungsbrei aufgenommen.

SPINNDRÜSEN

Die Spinne zieht den Seidenfaden aus den Spinndrüsen am Hinterleib. Je nachdem wie dick die Fäden werden sollen, kann sie die Öffnungen der Drüsen vergrößern oder verkleinern.

Mit den Buchlungen nimmt die Spinne Sauerstoff aus der Luft auf und gibt Kohlenstoffdioxid ab.

In Spinndrüsen wird Seide gebildet, aus der die Spinne das Netz webt.

Körperbau

Diese Spinne ist eine typische Vertreterin der größten Spinnengruppe. Sie bewegt ihre Kieferklauen wie Pinzetten, um Gift einzuspritzen. Die Kieferklauen sitzen wie die acht Beine am vorderen Körperabschnitt. Im Hinterleib befinden sich das Herz und der Darm.

Im Eierstock des Weibchens entwickeln sich die Eier.

BESONDERE FÄHIGKEITEN

TRICHTERNETZ

Die Große Winkelspinne lebt wie viele Spinnen in einem trichterförmigen Netz aus Seidenfäden. Am Eingang des Trichters wird das Netz breiter und flacher. Wenn sich ein Insekt darin verheddert, leiten Seidenfäden die Schwingungen weiter. Die Spinne nimmt diese Vibrationen wahr und schießt aus ihrem Versteck, um das Opfer zu packen. Dann spritzt sie ihm Gift ein und wickelt es in Seidenfäden.

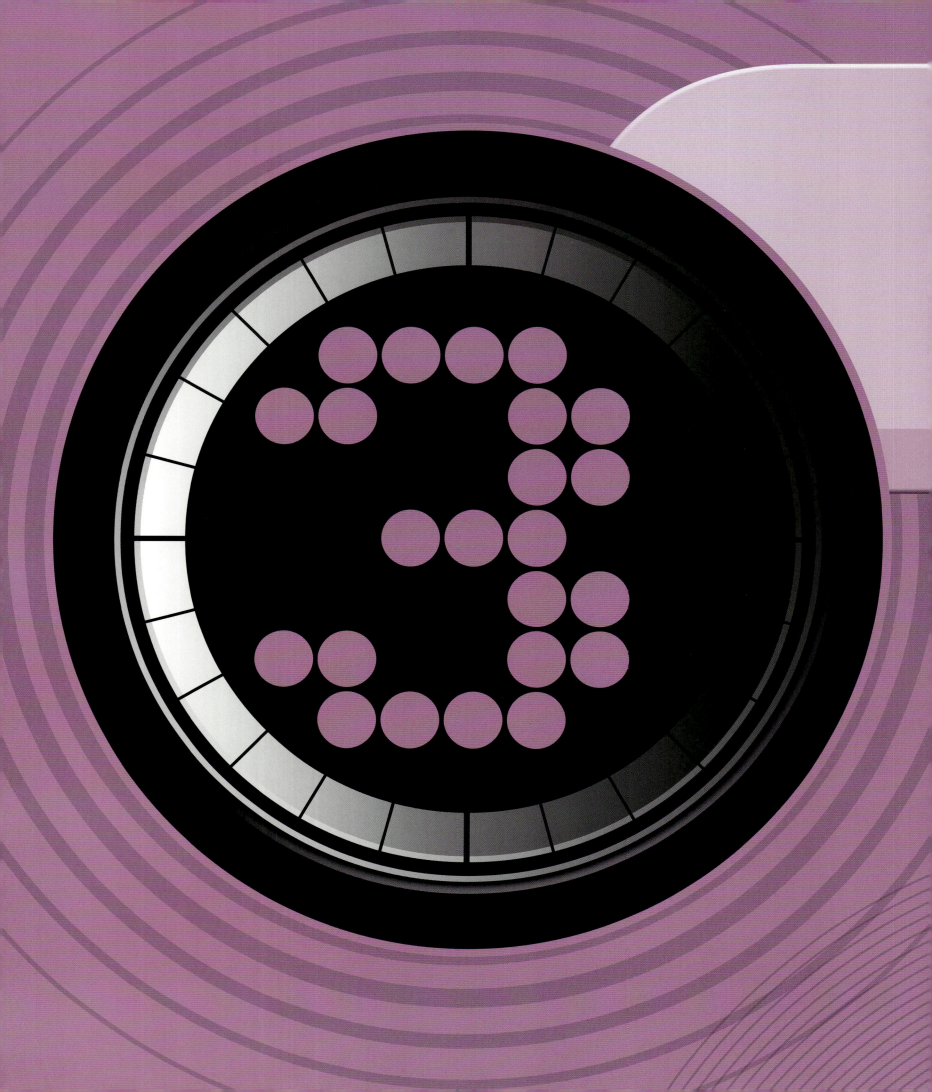

GESCHICKTE JÄGER

Auf Sträuchern und Wiesen, am Boden und auch in Tümpeln, Seen und Bächen wimmelt es von kleinen, aber äußerst geschickten Jägern. Spinnen, Skorpione und Raubwanzen erlegen ihre Beute auf ganz unterschiedliche Weise, bevor sie sie verspeisen. Manche Jäger verzehren ihre Opfer sogar lebend.

PERFEKTE FALLE
KESCHERSPINNE

Viele Spinnen fangen ihre Beute mit einem Netz aus Spinnenseide, aber die Kescherspinne hat eine besondere Methode. Sie besitzt ein riesiges Augenpaar. Ähnlich wie eine Eule hält sie in der Dämmerung Ausschau nach Opfern. Sie hängt dabei an einem einfachen Netz nicht hoch über dem Erdboden. Mit den vier vorderen Beinen hält sie ein kleines Fangnetz aus elastischer Seide fest. Wenn sich ein Insekt nähert, zieht sie es auseinander. Berührt das Insekt das Netz, lässt die Spinne das Netz zurückfedern, sodass es sich blitzschnell um das Opfer wickelt.

STECKBRIEF

- **GRÖSSE** Bis zu 2,5 cm lang
- **LEBENSRAUM** Wälder, Gebüsche und Gärten
- **VERBREITUNG** Australien
- **NAHRUNG** Insekten und Spinnen, die am Boden leben

WIRKLICH ERSTAUNLICH!

ETWA **48** ARTEN

Verwandte Arten leben weltweit in den Tropen und Subtropen.

HÖCHSTALTER WEIBCHEN **1 JAHR**

AUGEN
Die Spinne wird wegen ihrer enormen Augen auch Großaugenspinne genannt.

SEHEN
Die Rezeptoren in den Augen sind 200-mal empfindlicher als bei tagaktiven Spinnen.

ABWEHR
Der zweigähnliche Körper tarnt die Spinne in ihrem Lebensraum.

EIER
Ein Spinnenweibchen legt in seinem Leben zwischen 100 und 200 Eier.

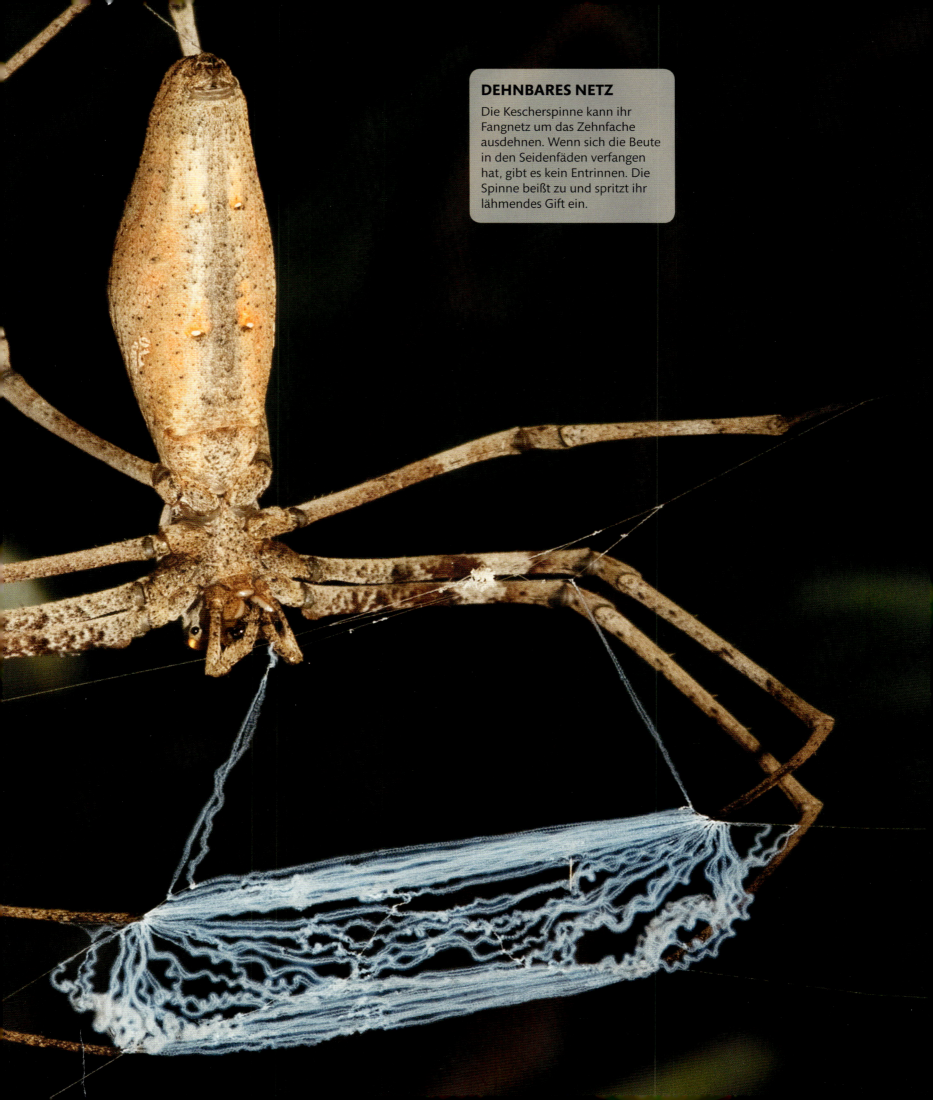

DEHNBARES NETZ

Die Kescherspinne kann ihr Fangnetz um das Zehnfache ausdehnen. Wenn sich die Beute in den Seidenfäden verfangen hat, gibt es kein Entrinnen. Die Spinne beißt zu und spritzt ihr lähmendes Gift ein.

SCHLEIM-LASSO
STUMMELFÜSSER

Alle Gliederfüßer, wie die Insekten und Spinnen, haben sich in der Urzeit aus einer Tiergruppe entwickelt, die noch kein robustes Außenskelett besaß. Ähnliche Tiere leben noch heute in feuchten, warmen Wäldern. Es sind die Stummelfüßer. Sie ähneln Hundertfüßern, haben aber eine weiche Haut. Diese nachtaktiven Jäger erbeuten mit einer Art Lasso aus klebrigem Schleim Insekten und Würmer.

Die geringelten Fühler sind die wichtigsten Sinnesorgane.

Seltsamer Wurm

Weil ihre Haut mit kleinen Höckern bedeckt ist, sehen diese Tiere samtig aus. Wie alle Stummelfüßer hat diese Art viele kurze, stummelige Beine und zwei fleischige Fühler. Aus Drüsen an den Seiten des Kopfs kann das Tier Schleim abfeuern.

Aus diesen Öffnungen wird der Schleim versprüht, der in großen Schleimdrüsen im Körper gebildet wird

JÄGER DER NACHT

Der Stummelfüßer nähert sich seinem Opfer in der Dunkelheit und tastet es mit seinen Fühlern ab. Wenn er beschließt, dass es genießbar ist, feuert er zwei zickzackförmige Schleimstränge ab. Dann beißt er zu und spritzt dem Beutetier Gift ein.

Die Haut ähnelt der einer Schmetterlingsraupe. Sie ist überall weich.

Stummelfüßer leben seit 570 Millionen Jahren auf der Erde.

KRALLENFÜSSE
Die Beine eines Stummelfüßers sind weich. Mit Muskeln kann er sie in alle Richtungen beugen. Er kann sie beim Laufen aber auch paarweise bewegen. An der Fußspitze befinden sich zwei Krallen, die das Tier einziehen kann. Sie sorgen bei der Fortbewegung für Halt.

Die Krallen bestehen aus Chitin wie das Außenskelett der Insekten.

STECKBRIEF

- **GRÖSSE** Bis zu 28 cm lang
- **LEBENSRAUM** Feuchte Plätze, oft in Wäldern
- **VERBREITUNG** Zentral- und Südamerika, zentrales und südliches Afrika, Südostasien, Australien und Neuseeland
- **NAHRUNG** Würmer, Insekten und Spinnen, die am Boden leben

WIRKLICH ERSTAUNLICH!

ETWA 180 ARTEN

Viele Stummelfüßer leben in tropischen Wäldern. Man findet sie aber auch in kühleren Regionen auf der Südhalbkugel.

ZAHL DER BEINE — Die Tiere besitzen 13 bis 23 Beinpaare.
0 — 10 — 20 — 30

ZAHL DER LARVEN — Bis zu 30 Nachkommen jährlich.
0 — 10 — 20 — 30 — 40

LEBENSERWARTUNG BIS ZU 7 JAHRE

GESCHICKTE JÄGER

107

GROSSER APPETIT
Diese Raubfliege hat eine Segellibelle gefangen, die selbst eine gute Jägerin ist. Die Fliege spritzt ihrem Opfer an einer weichen Körperstelle ein Gift ein, um ihre Gewebe aufzulösen.

BEUTEFANG IM FLUG
RAUBFLIEGE

Die meisten Fliegen sind ziemlich klein und ernähren sich von zuckerhaltigen Flüssigkeiten wie Blütennektar. Raubfliegen aber sind Jägerinnen, die anderen Insekten auflauern. Sie beobachten das Opfer mit ihren großen Komplexaugen genau. Dann packen sie es im Flug mit den kräftigen, borstigen Beinen. Mit dem Rüssel spritzen sie ihm giftigen Speichel ein. Er lähmt das Opfer und löst die inneren Gewebe auf. Die Raubfliege kann sie dann wie eine Suppe einsaugen.

STECKBRIEF

- **GRÖSSE** Bis zu 5 cm lang
- **LEBENSRAUM** Bevorzugt offene, heiße und trockene Lebensräume.
- **VERBREITUNG** Weltweit
- **NAHRUNG** Andere Insekten

WIRKLICH ERSTAUNLICH!

ETWA 7000 ARTEN

Raubfliegen sind tagaktiv. Nachts ruhen sie oft in der Nähe ihrer Beute.

BEUTEGRÖSSE — Macht Jagd auf bis zu 7,5 cm lange Insekten. (cm 2 4 6 8)

FRESSDAUER — Es dauert ungefähr 30 Minuten, bis das Opfer verzehrt ist. (min 10 20 30 40 50)

HÖCHSTALTER DER FLIEGE: 3 MONATE

GESCHICKTE JÄGER

MEISTER-WEBERIN

KLEBRIGE FANGSPIRALE
RADNETZSPINNE

Viele Spinnen weben Netze aus Seide. Dann warten sie, bis sich Beutetiere darin verheddern. Am kunstvollsten sind die Netze der Radnetzspinnen, zu denen die Kreuz- und die Wespenspinne gehören. Sie werden zwischen Büschen und anderen Pflanzen aufgespannt. Die Spinne kann ihr Netz gefahrlos passieren, aber Insekten verfangen sich in den klebrigen Seidenfäden. Wenn sie zappeln, nimmt die Spinne die Schwingungen wahr. Sie eilt herbei und wickelt die Beute in Seidenfäden. Dann beißt sie zu.

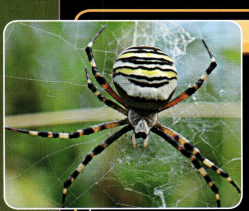

STECKBRIEF

- **GRÖSSE** Bis 17 mm lang
- **LEBENSRAUM** Wiesen und Hänge
- **VERBREITUNG** Europa, Asien und Nordafrika
- **NAHRUNG** Insekten wie Heuschrecken, Fliegen und Schmetterlinge

WIRKLICH ERSTAUNLICH!

ETWA 3000 ARTEN
Radnetzspinnen kommen weltweit vor. Sie bilden die drittgrößte Gruppe unter den Spinnen.

HÖCHSTALTER WEIBCHEN ETWA 1 JAHR

REKORD
Die größten Netze webt eine südostasiatische Art. Sie können 6 Meter breit sein.

ZEIT
Es dauert etwa 1 Stunde, bis das Netz gewebt ist. Alle 2 bis 3 Tage muss es repariert werden.

STABILITÄT
Die Seidenfäden sind 5-mal so stabil wie gleich dicker Stahl.

JUNGSPINNEN
Jungspinnen lassen sich an Seidenfäden vom Wind zu neuen Orten tragen.

GUT VERPACKT
Die auffälligen schwarz-gelben Wespenspinnen spannen ihre Netze oft im hohen Gras, um Heuschrecken und Grillen zu fangen. Diese Spinne wickelt soeben ein Opfer in Seidenfäden ein, die sie aus den Spinndrüsen an ihrem Hinterleib zieht.

GESCHICKTE JÄGER

BÄNDER AUS SEIDE

Manche Radnetzspinnen weben zickzackförmige Bänder aus weiß schimmernder Seide in ihre Netze ein. Man weiß nicht genau, warum sie das tun. Einige Forscher vermuten, dass Vögel diese Strukturen sehen und dann nicht durch die Netze fliegen. Andere Wissenschaftler glauben, dass Fressfeinde die Spinne in einem so verzierten Netz nur schwer erkennen können.

GETARNTE JÄGERIN
ORCHIDEENMANTIS

In den tropischen Wäldern Asiens wachsen wunderschöne Orchideen. Doch in ihren Blüten lauert manchmal ein gefährliches Insekt. Es ist die Orchideenmantis. Diese Gottesanbeterinenart ist rosa und weiß gefärbt und trägt an den Beinen Fortsätze, die aussehen wie Blütenblätter. Bewegungslos lauert sie Insekten auf, die die Blüten besuchen, um den süßen Nektar zu trinken. Wenn ein Opfer in Reichweite landet, packt die Mantis es mit ihren stacheligen Fangbeinen und verspeist es lebend.

Tödliche Falle

Wie alle Gottesanbeterinnen hat die Orchideenmantis kräftige Fangbeine, die mit Stacheln besetzt sind. Das Opfer kann ihnen nicht entkommen. Die Mantis lässt sie nach vorn schnellen und packt ihr Opfer im Bruchteil einer Sekunde. Es hat keine Chance zu entkommen.

WIRKLICH ERSTAUNLICH!

LEBENSERWARTUNG ETWA **1 JAHR**

FANGGESCHWINDIGKEIT
Die Fangbeine schnellen in 100 Millisekunden nach vorn.

ABWEHR
Manche Gottesanbeterinnen zeigen ein Drohverhalten, um Feinde abzuschrecken.

EIER
Die Weibchen legen etwa 400 Eier in einer schützenden Kapsel ab.

SEHEN
Das Insekt hat ein Blickfeld von 300 Grad.

ARTEN ETWA 2380
Die Mantis gehört zu einer Gruppe räuberischer Insekten, die weltweit in wärmeren Gegenden vorkommen.

Mit den großen Komplexaugen erfasst das Insekt sein Opfer.

Wie alle Gottesanbeterinnen hält die Mantis ihre Fangbeine wie zum Gebet gefaltet.

Die Mantis beißt der Beute meist zuerst den Kopf ab.

STECKBRIEF

GRÖSSE Die Weibchen sind bis zu 7 cm, die Männchen nur bis zu 2,5 cm lang.
LEBENSRAUM Tropischer Regenwald
VERBREITUNG Südostasien
NAHRUNG Vor allem Insekten, die Blüten besuchen, aber auch kleine Nagetiere, Vögel und Eidechsen

Die verbreiterten Beine sehen aus wie Blütenblätter.

Mit den Krallen an den Hinterbeinen findet das Insekt einen guten Halt.

Das Männchen ist viel kleiner als das Weibchen.

ERSTAUNLICHE VIELFALT

Teufelsblume
Diese Gottesanbeterin aus Ostafrika hat einen unheimlichen Namen. Sie ist einer der größten Vertreter ihrer Art. Ihrer Beute lauert sie auf Blumen auf. Sie ähnelt welken Blütenblättern.

Asiatische Gottesanbeterin
Meist ist diese asiatische Art fast unsichtbar, denn sie sieht aus wie ein welkes Blatt. Wenn sie angegriffen wird, richtet sie sich aber drohend auf.

Australische Gottesanbeterin
Gottesanbeterinnen sind gefürchtete Räuber, haben selbst aber auch Feinde. Diese zeigt zur Abschreckung ein Drohverhalten, dass sie größer erscheinen lässt.

Geistermantis
Die kleine Gottesanbeterin lebt auf Sträuchern in Afrika. Sie sieht aus wie ein dürres Blatt und ist zwischen abgestorbenem Laub gut getarnt. Ihre Opfer bemerken sie erst, wenn es zu spät ist.

RISKANTE PAARUNG

Das Männchen ist nicht einmal halb so groß wie das Weibchen. Man könnte es für eine ganz andere Insektenart halten. Weil das Weibchen das Männchen mit Beute verwechseln und auffressen könnte, muss es sich seiner Partnerin sehr vorsichtig nähern und nach der Paarung schnell das Weite suchen.

GESCHICKTE JÄGER

115

TÖDLICHER STECHRÜSSEL
BIENEN-RAUBWANZE

Diese gefährliche Raubwanze sitzt zwischen Blüten und lauert Bienen auf, die auf der Suche nach süßem Nektar und Pollen sind. Die Biene bemerkt ihre Angreiferin erst, wenn sie von kräftigen Beinen gepackt wird. Die Raubwanze sucht eine weiche Stelle im Außenskelett. Dort sticht sie mit ihrem Rüssel zu und spritzt ihren giftigen Speichel ein. Der löst die inneren Gewebe der Biene auf. Die Wanze saugt diesen Brei dann auf.

STECKBRIEF

- **GRÖSSE** Bis zu 3 cm lang
- **LEBENSRAUM** Trockene Gebiete mit Blütenpflanzen
- **VERBREITUNG** Vom Norden der USA bis nach Argentinien
- **NAHRUNG** Bienen und andere Insekten, die Nektar trinken

WIRKLICH ERSTAUNLICH!

ETWA 110 ARTEN
Raubwanzen, die Bienen erbeuten, gibt es nur in Amerika.

NAHRUNGSAUFNAHME
Es dauert etwa 1 Stunde, bis die Wanze ihr Opfer ausgesaugt hat.

AKTIVITÄT
Die tagaktiven Wanzen bewegen sich zwar langsam fort, sind aber gute Flieger.

WAFFE
Der Speichel dieser Insekten ist giftig.

LEBENSERWARTUNG 3 MONATE

GESCHICKTE JÄGER

LAUER-JÄGERIN

LETZTER BLÜTENBESUCH
Die Raubwanze hat die Biene mit ihrem Gift gelähmt und saugt sie aus. Nach ihrer Mahlzeit lässt die Wanze das leere Außenskelett auf den Boden fallen und bereitet sich auf den nächsten Überfall vor.

ERWISCHT!
Diese nordamerikanische Falltürspinne hat ein Beutetier gepackt und wird es gleich beißen. Mit den hinteren Beinen ist sie fest im Bau verankert. So zieht sie das Opfer in ihre Erdröhre, um es zu verspeisen.

GEFAHR AUS DEM UNTERGRUND
FALLTÜRSPINNE

Diese dicke Spinne fängt ihre Beute mit einer listigen Methode. Sie lebt in einem Erdbau, der eine Falltür aus Spinnenseide und Erde aus der Umgebung besitzt. Wenn die Falltür tagsüber geschlossen ist, ist sie kaum zu erkennen. Die Spinne ist in ihrem Bau sicher. Bricht die Nacht herein, hebt sie die Falltür ein wenig an und wartet. Ihre vorderen Beine streckt sie aus dem Bau, um Beutetiere wahrzunehmen. Manche Falltürspinnen spannen sogar Fangleinen um ihren Bau. Berührt das Opfer eine Leine, spürt die Spinne das und schlägt zu.

STECKBRIEF

- **GRÖSSE** Bis zu 2,5 cm lang
- **LEBENSRAUM** Vor allem in offenem Gelände, oft an Böschungen
- **VERBREITUNG** Südliches Nordamerika
- **NAHRUNG** Insekten, andere Spinnen, Frösche, kleine Eidechsen und Mäuse

WIRKLICH ERSTAUNLICH!

ETWA 128 ARTEN
Falltürspinnen leben in warmen Regionen. Die meisten bleiben ihr Leben lang im selben Bau.

BAU Der mit Seide ausgekleidete Erdbau kann 30 cm tief sein.

GESCHWINDIGKEIT Die Spinne packt ihr Opfer innerhalb von 0,3 Sekunden.

JUNGSPINNEN Jede Jungspinne baut ihre eigene Wohnröhre. Wenn sie wächst, vergrößert sie sie.

LEBENSERWARTUNG ETWA 5 JAHRE

GESCHICKTE JÄGER

HOLZBOHR-MASCHINE
SCHLUPFWESPE

Die Schlupfwespe ernährt sich von Nektar und ist völlig harmlos. Ihre Larven aber sind Parasiten, die die Jungen anderer Insekten fressen. Wenn ein Schlupfwespenweibchen Eier legen will, sucht es mit seinen Fühlern nach Insektenlarven unter der Baumrinde. Mit seiner langen Legeröhre bohrt es die Rinde an und legt ein Ei in die Larve. Wenn die Wespenlarve aus dem Ei schlüpft, ernährt sie sich von den Organen der Insektenlarve. Wenn diese schließlich stirbt, ist die Schlupfwespenlarve ausgewachsen und verwandelt sich in das erwachsene Insekt.

STECKBRIEF
- **GRÖSSE** Einschließlich der langen Legeröhre bis zu 5 cm lang
- **LEBENSRAUM** Vor allem in Wäldern
- **VERBREITUNG** Weltweit
- **NAHRUNG** Erwachsene Schlupfwespen trinken Nektar oder Pflanzensäfte. Die Larven verspeisen andere Insekterlarven.

WIRKLICH ERSTAUNLICH!

ETWA 24000 ARTEN
Die Familie der Schlupfwespen ist riesig. Diese Insekten kommen weltweit vor.

HÖCHSTALTER DER WESPE 1 MONAT

REKORD cm 5 10 15 20
Eine Riesenschlupfwespenart hat die längste Legeröhre. Sie ist 4-mal so lang wie der Körper.

EIER Bis zu 20 Eier werden einzeln in Insektenlarven gelegt.

BOHRZEIT Bei manchen Arten dauert das Durchbohren der Rinde eine Stunde lang.

STABILE SPITZE
Die Legeröhre der Schlupfwespe ist nicht viel dicker als ein Haar. Mit diesem Instrument kann das Insekt jedoch harte Baumrinde durchbohren. In der Spitze der Legeröhre sind Spuren von Metall eingelagert. Deshalb ist sie härter als das Holz und bricht beim Bohren nicht ab.

TÖDLICHE UMARMUNG
VERÄNDERLICHE KRABBENSPINNE

Für Schwebfliegen kann jeder Blütenbesuch der letzte sein, denn manchmal lauert zwischen den bunten Blütenblättern eine gefährliche Spinne. Diese Jägerin ist gut getarnt. Sie hält ihre langen Vorderbeine ausgestreckt, um ihr Opfer zu packen und es mit Gift zu töten, dass sie ihm mit ihren Kieferklauen einspritzt. In einer gelben Blüte ist diese Spinne für ihre Beute kaum zu sehen. Wenn sie in einer weißen Blüte lauert, wechselt sie langsam ihre Farbe und wird ebenfalls weiß!

STECKBRIEF

- **GRÖSSE** Bis zu 1 cm lang
- **LEBENSRAUM** Meist gelbe oder weiße Blüten
- **VERBREITUNG** Europa und Nordamerika
- **NAHRUNG** Insekten, die Nektar trinken

WIRKLICH ERSTAUNLICH!

ETWA **42** ARTEN

Rund um die Erde kommen verwandte Spinnenarten vor.

GRÖSSE DER BEUTE
Bis zu 2 cm große Insekten, wie z. B. Honigbienen

ABWEHR
Die Krabbenspinne besitzt eine Tarnfärbung und hängt oft unter der Blüte.

FARBWECHSEL
Es dauert 10-25 Tage, bis sich eine weiße Spinne gelb färbt. Umgekehrt geht es schneller.

EIER
Ein Weibchen legt nur einmal im Leben Eier.

LEBENSERWARTUNG 1 JAHR

FLÜSSIGNAHRUNG
Diese Schwebfliege war bereits wenige Sekunden nach dem Angriff der Spinne tot. Die Spinne spritzt ihrem Opfer nun ein Gift ein, das seine Gewebe auflöst. Dann saugt sie den dickflüssigen Brei auf.

FURCHTLOSER ANGREIFER

GELÄHMT UND HILFLOS

Die gelähmte Vogelspinne kann sich nicht wehren und wird nun in den Wespenbau transportiert. Die Wespe legt dort ein einziges Ei in den Spinnenkörper. Dann verschließt sie den Bau und macht sich schon bald auf die Suche nach dem nächsten Opfer.

SPINNEN-JÄGER
TARANTULAFALKE

Kaum ein Insekt nimmt den Kampf mit einer Vogelspinne auf. Der Tarantulafalke aber macht Jagd auf diese großen Spinnen. Diese Wegwespe legt wie viele Wespen ihre Eier in die gelähmten Körper anderer Tiere. Diese Art ist auf Vogelspinnen spezialisiert. Wenn die Wespenlarven schlüpfen, fressen sie ihr Opfer bei lebendigem Leib auf. Zunächst aber muss die Wespe die Spinne überwältigen. Wenn sich diese aufrichtet, um anzugreifen, biegt die Wespe ihren Hinterleib nach vorn und sticht die Spinne in den Leib. Bereits nach Sekunden ist sie gelähmt.

STECKBRIEF

- **GRÖSSE** Bis zu 7 cm lang
- **LEBENSRAUM** Vor allem Wüsten und trockenes Grasland
- **VERBREITUNG** Süden der USA bis Südamerika
- **NAHRUNG** Die Wespen trinken Nektar, die Larven verzehren gelähmte Vogelspinnen.

WIRKLICH ERSTAUNLICH!

ETWA 18 ARTEN

Viele Wespen erbeuten Spinnen. Vogelspinnenjäger kommen aber nur in Amerika vor.

HÖCHSTALTER DER WESPE 4 MONATE

GRÖSSE DER BEUTE Bis zu 10 cm

ABWEHR Die bunten Farben warnen andere Tiere vor dem Giftstachel.

WACHSTUM Die Larven ernähren sich 37 Tage von der Spinne, bis sie sich verpuppen.

GESCHICKTE JÄGER

RUNDUMSICHT
GROSSE KÖNIGSLIBELLE

Kaum ein Insekt kann so schnell fliegen wie diese bunte Libellenart. Sie patrouilliert in ihrem Revier, um nach Beute Ausschau zu halten. Dabei kann sie in der Luft stehen und sogar rückwärts und seitwärts fliegen. Mit ihren Beinen packt sie Fliegen und verspeist sie manchmal gleich im Flug. Die Mahlzeit zerkleinert sie mit ihren mächtigen, gesägten Kiefern.

STECKBRIEF

- **GRÖSSE** Etwa 7,8 cm lang
- **LEBENSRAUM** An Teichen, Seen, Flüssen und Sümpfen
- **VERBREITUNG** Europa, westliches Asien und Nordafrika
- **NAHRUNG** Die Libellen erbeuten fliegende Insekten, die Larven kleine Wassertiere.

Im Blickfeld

Die Libelle setzt ihre riesigen Komplexaugen bei der Jagd ein. Jedes Auge ist aus mindestens 30 000 kleinen Linsenaugen zusammengesetzt. Das sind 5-mal so viele wie im Auge einer Stubenfliege. Deshalb sieht die Libelle sehr gut und kann ihre Beute ganz genau anvisieren.

Die Augen bedecken fast den ganzen Kopf der Libelle. Sie kann daher Beutetiere in allen Richtungen sehen.

WIRKLICH ERSTAUNLICH!

ETWA 3000 ARTEN

Verwandte Libellen leben rund um die Erde. Manche lauern ihrer Beute auf einem Ast auf.

LARVEN Die Larven leben 2 Jahre im Wasser und jagen Insekten, Kaulquappen und Fischchen.

FARBENSEHEN Eine Libelle kann mehr Farben sehen als der Mensch.

JAGDERFOLG Libellen sind sehr gute Jäger. Sie erbeuten 95 % der Tiere, die sie verfolgen.

GESCHWINDIGKEIT Größere Libellen erreichen eine Geschwindigkeit von 54 km/h.

LEBENSERWARTUNG DER LIBELLE BIS ZU 8 WOCHEN

Die Libelle hat nur kurze Fühler. Sie verlässt sich auf ihren ausgeprägten Sehsinn.

KOMPLEXAUGEN

Die Augen erwachsener Insekten bestehen aus Tausenden kegelförmiger Linsenaugen. Die Linse leitet das Licht zu den Zellen der Netzhaut. Jedes Einzelauge nimmt nur einen Farbfleck wahr, aber alle Augen gemeinsam erzeugen ein vollständiges Bild.

Die Linse bündelt das Licht.

Das Licht wird zu den Zellen der Netzhaut geleitet.

Pigmentzellen grenzen Einzelaugen ab.

Die kegelförmigen Einzelaugen sind dicht gepackt wie Bienenwaben.

Insekten haben keine Augenlider. Sie putzen ihre Augen mit den Vorderbeinen.

VIELE FARBPUNKTE

Das Bild, das ein Insekt sieht, besteht aus Tausenden bunter Punkte, ähnlich wie das Bild, das eine Digitalkamera aufnimmt. Je mehr Punkte es sind, desto besser. Weil Libellen mehr Linsenaugen haben als andere Insekten, sehen sie am besten. Wie genau sie sehen, werden wir allerdings nie wissen.

Mit den borstigen Beinen wird das Opfer gepackt.

GESCHICKTE JÄGER

127

FLUGKÜNSTLERIN

Anders als bei Schmetterlingen, Wespen und Bienen sind die beiden Flügelpaare der Libellen nicht miteinander verbunden. Deshalb können diese Insekten alle vier Flügel unabhängig voneinander bewegen und im Flug sehr gut steuern. Libellen sind unglaublich geschickte Jägerinnen. Sie fliegen so wendig, dass ihnen nur wenige Beutetiere entkommen.

BLITZSCHNELLER ÜBERFALL
Die Speispinne sprüht ihre giftigen Leimfäden mit unglaublicher Geschwindigkeit in die Luft, sodass dem Beutetier zur Flucht keine Zeit bleibt. Diese Spinne hier wurde ausgetrickst. Sie hat ihre Leimfäden auf eine Glasscheibe geschleudert.

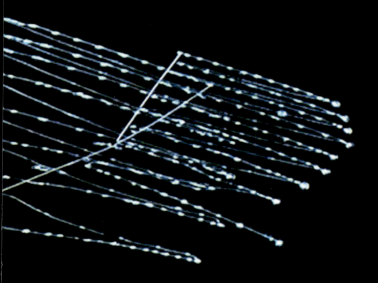

TREFFSICHERER LEIMSPUCKER
SPEISPINNE

Diese Spinne ist so winzig, dass sie nicht sehr bedrohlich wirkt. Aber sie hat eine ungewöhnliche Geheimwaffe. In ihrem aufgewölbten Kopf befindet sich ein Drüsenpaar, das Gift und flüssigen Leim bildet. Wenn Beute in Sicht ist, sprüht die Spinne diese tödliche Mischung aus ihren Kieferklauen. Sie schwenkt sie dabei schnell hin und her, sodass zwei gezackte Fäden aus dieser klebrigen Substanz entstehen. Im Bruchteil einer Sekunde wird das Opfer vom giftigen Leim eingewickelt. Die Spinne kann nun zubeißen und es erlegen.

STECKBRIEF

- **GRÖSSE** Bis zu 6 mm lang
- **LEBENSRAUM** Wälder, in kühleren Regionen oft in Häusern
- **VERBREITUNG** Weltweit
- **NAHRUNG** Insekten und Spinnen

WIRKLICH ERSTAUNLICH!

ETWA **158** ARTEN

Die Spinne erzeugt die giftigen Leimfäden in $1/700$ Sekunde.

LEBENSERWARTUNG BIS ZU **3** JAHRE

AKTIVITÄT
Jagt meist in der Nacht und nimmt Luftbewegungen wahr, die die Beute erzeugt.

GESCHWINDIGKEIT
Das tödliche Gift wird mit bis zu 28 m/s versprüht.

SEHEN
Die meisten Spinnen haben acht Augen, diese Spinne hat aber nur sechs.

EIER
Ein Weibchen legt bis zu 100 Eier, pro Kokon sind es 20 bis 35.

GEFRÄSSIGER TAUCHER
GELBRANDKÄFER

Der Gelbrandkäfer ist perfekt an das Tauchen angepasst. Er erbeutet verschiedene Tiere, die im Wasser leben. Seine langen, mit Borsten gesäumten Hinterbeine setzt er wie Ruder ein, wenn er seinem stromlinienförmigen Körper im Wasser Antrieb verschafft. Unter seinen Deckflügeln transportiert er eine Luftblase, damit er unter Wasser atmen kann.

Nachtflug
Obwohl diese Käfer die meiste Zeit im Wasser verbringen, können sie sehr gut fliegen. Meist machen sie sich in der Nacht auf die Suche nach einem neuen Teich. Im Flug halten sie nach Mondlicht Ausschau, das von der Wasseroberfläche reflektiert wird.

LUFTVORRAT
Wie alle erwachsenen Insekten atmet der Käfer Luft. Er transportiert deshalb eine Luftblase unter den Deckflügeln mit sich. Wenn der Luftvorrat zu Ende geht, schwimmt er zur Wasseroberfläche, streckt seine Hinterleibsspitze aus dem Wasser und befördert frische Luft unter seine Deckflügel.

Mit den langen Fühlern nimmt der Käfer Bewegungen und den Geruch von Beute wahr.

Wie das Außenskelett bestehen auch die kräftigen Kiefer aus Chitin.

Mit den Palpen schmeckt der Käfer die Nahrung und prüft, ob sie genießbar ist.

Das Insekt kann mit seinen großen Komplexaugen gut unter Wasser sehen.

Die glitschige Beute wird mit den spitzen Stacheln festgehalten.

WIRKLICH ERSTAUNLICH!

ETWA **26** ARTEN

Nah verwandte Käfer leben in Süßgewässern Europas, Asiens, Nordafrikas und in Nord- und Zentralamerika.

 LARVENZEIT
Die Larven entwickeln sich 35–40 Tage lang und häuten sich dabei 3-mal.

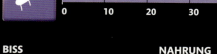
0 10 20 30 40 50

 BISS
Mit den kräftigen Kiefern kann der Käfer fast jedes Beutetier überwältigen.

 NAHRUNG
Die Larve saugt ein Beutetier in etwa 1 Stunde aus.

LEBENSERWARTUNG DES KÄFERS **3** JAHRE

Mit den langen Hinterbeinen verschafft sich das Insekt Antrieb.

Bei Weibchen sind die Deckflügel gefurcht, bei Männchen wie diesen sind sie glatt.

Unter den Deckflügeln wird Luft gespeichert.

Der Käfer setzt die Beine mit dem Saum aus steifen Haaren wie Ruder ein, wenn er sich fortbewegt.

Der Käfer wehrt Feinde mit einer übel riechenden Flüssigkeit ab.

RÄUBERISCHE LARVE

Auch die Larven des Gelbrandkäfers leben räuberisch. Zwischen Wasserpflanzen oder unter der Wasseroberfläche lauern sie ihrer Beute mit den gekrümmten Kiefern auf. Sie spritzen ihr Gift ein, das die Gewebe auflöst. Manchmal fressen sich die Larven sogar gegenseitig.

STECKBRIEF

- **GRÖSSE** Käfer bis zu 3,5 cm, Larven bis zu 6 cm lang
- **LEBENSRAUM** Teiche, Seen und Flüsse
- **VERBREITUNG** Europa und nördliches Asien
- **Nahrung** Im Wasser lebende Insekten, Fische und Kaulquappen

GESCHICKTE JÄGER

SCHNELLSTE KIEFERBEWEGUNG

GESPANNTE FALLE
Diese indonesische Schnappkieferameise hat ihre Kiefer gespannt. Die leichteste Berühung der Borsten auf den Kiefern wird bewirken, dass die gefährliche Falle blitzschnell zuschnappt.

KRÄFTIGER BISS
SCHNAPPKIEFERAMEISE

Diese Ameise hat eine ungewöhnliche und sehr wirkungsvolle Waffe. Wenn sie ihre Kiefer weit öffnet, rasten sie ein. Auf den Kiefern sitzen Borsten, die an die Schnurrhaare von Säugetieren erinnern. Berührt irgendetwas die Borsten, wird der Einrastmechanismus gelöst. Die Kiefer schnappen mit unglaublicher Geschwindigkeit zu. Viele Opfer sterben dabei sofort. Die Ameise beherrscht noch einen anderen Trick: Lässt sie ihre Kiefer gegen den Boden schnappen, dann wird sie mit Wucht in die Luft katapultiert. Auf diese Weise kann sie Angreifern entkommen.

STECKBRIEF

- **GRÖSSE** 12 mm lang
- **LEBENSRAUM** Tropische Wälder
- **VERBREITUNG** Südostasien
- **NAHRUNG** Insekten, Spinnen und Würmer

WIRKLICH ERSTAUNLICH!

ETWA 70 ARTEN

Schnappkieferameisen leben weltweit in den Tropen und Subtropen.

HÖCHSTALTER ARBEITERIN 6 WOCHEN

 GESCHWINDIGKEIT
Die Kiefer schnappen mit einer Geschwindigkeit von 60 m/s zu.

 **KOLONIE**
Je nach Art besteht eine Kolonie aus 100 bis 10 000 Ameisen.

 KIEFERWINKEL
Die Ameise kann ihre Kiefer bis zu einem Winkel von 180 Grad öffnen.

 ABWEHR
Die Ameisen besitzen auch einen Giftstachel.

GESCHICKTE JÄGER

NÄCHTLICHER JÄGER
KAISERSKORPION

Skorpione sind berüchtigt, denn einige Arten können mit ihrem Stachel ein gefährliches Gift einspritzen. Diese Verwandten der Spinnen haben einen gegliederten Körper und kräftige Scheren. Der Kaiserskorpion gehört zu den größten Arten. Er lebt im tropischen Afrika und jagt in der Nacht. Mit speziellen Sinnesorganen nimmt er Luftbewegungen und Schwingungen wahr.

STECKBRIEF

- **GRÖSSE** 20 cm
- **LEBENSRAUM** Tropische Wälder, Grasland
- **VERBREITUNG** Westafrika
- **NAHRUNG** Insekten, Spinnen, Eidechsen und kleine Säugetiere wie Mäuse

KRÄFTIGE SCHEREN

Die großen Scheren sind die wichtigsten Waffen des Kaiserskorpions. Nur selten setzt er seinen Giftstachel ein. Er tötet seine Beute mit Körperkraft und zerteilt sie mit den Scheren. Nur größere, sehr wehrhafte Opfer wie diese Eidechse sticht er mit dem Stachel, um sie zu lähmen.

Mit Sinneshaaren an den Scheren nimmt der Skorpion Luftbewegungen wahr, die Beutetiere erzeugen.

Mit den kleinen, einfachen Augen kann das Tier nur hell und dunkel unterscheiden.

Gehirn

In den Scheren befinden sich große Muskeln, sodass der Skorpion kräftig zupacken kann.

Spinnentier mit Giftstachel

Obwohl er ähnlich aussieht wie ein Krebs, gehört der Kaiserskorpion zu den Spinnentieren. Statt giftiger Kieferklauen besitzt er einen Giftstachel am Schwanz. Mit einem Paar kammähnlicher Sinnesorgane an der Körperunterseite nimmt er Schwingungen wahr, die durch den Boden übertragen werden.

Im letzten Schwanzabschnitt befinden sich ein Paar Giftdrüsen, die mit dem Stachel in Verbindung stehen.

Der Skorpion kann den Stachel über den Kopf beugen und Beutetiere stechen, die er mit den Scheren festhält.

Skorpione leben seit 430 Millionen Jahren auf der Erde.

Der Schwanz ist eine Verlängerung des Hinterleibs. Ein Teil des Darms zieht sich hinein.

Dieses Gefäß pumpt Blutflüssigkeit durch den Körper.

Ein Netz aus Nervensträngen, die mit dem Gehirn und den Sinnesorganen in Verbindung stehen, steuert die Bewegungen.

Eine von vier paarigen Buchlungen, die Sauerstoff aufnehmen und Kohlenstoffdioxid abgeben

Wie alle Spinnentiere besitzt der Skorpion acht Laufbeine.

Mit dem Magen werden Flüssigkeiten eingesaugt. Skorpione nehmen keine feste Nahrung auf.

Speicheldrüse

GEFÄHRLICHE VERWANDTSCHAFT

Der Stich des Kaiserskorpions ist nicht schlimmer als ein Bienenstich. Einige andere Skorpione sind jedoch hochgiftig. Diese afrikanische Art gehört zu den gefährlichsten Skorpionen. Sein Gift kann einen Herzstillstand bewirken. Weil er es bei der Jagd einsetzt, sind seine Scheren relativ klein.

IM DUNKELN LEUCHTEND

Wenn man einen Skorpion mit ultraviolettem Licht bestrahlt, leuchtet er im Dunkeln. Man nennt dies Fluoreszenz. Wissenschaftler haben noch nicht herausgefunden, warum das Leuchten für den Skorpion vorteilhaft ist.

WIRKLICH ERSTAUNLICH!

ETWA 1750 ARTEN

In allen wärmeren Regionen der Erde kommen Skorpione vor, aber nur 30 Arten sind für Menschen gefährlich.

AKTIVITÄT
Tagsüber verbergen sich Skorpione unter Steinen oder in ihrem Bau. Nachts jagen sie.

ÜBERLEBENSSTRATEGIE
Skorpione können von nur einer Mahlzeit im Jahr überleben.

NACHWUCHS
Ein Weibchen bringt bis zu 100 Junge zur Welt. Sie trägt sie auf dem Rücken mit sich herum.

ABWEHR
Mit dem Giftstachel und den Scheren werden Angreifer abgeschreckt.

LEBENSERWARTUNG BIS ZU 15 JAHRE

GESCHICKTE JÄGER

137

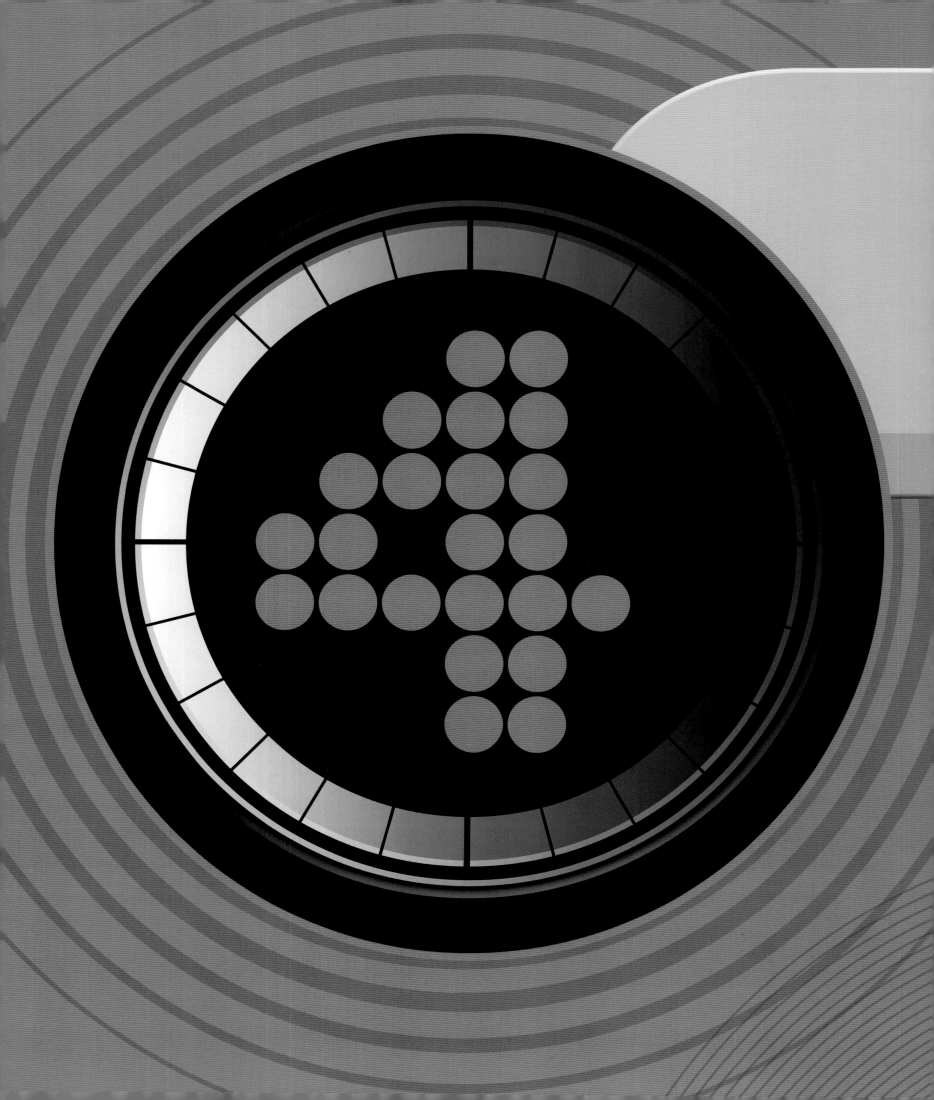

LÄSTIG UND GEFÄHRLICH

Viele Insekten, Spinnen und andere wirbellose Tiere spielen eine wichtige Rolle in den Ökosystemen der Erde. Deshalb sind sie auch für uns sehr wichtig. Einige Arten können jedoch lästig werden, weil sie stechen, beißen oder Blut saugen. Manche übertragen dabei gefährliche Krankheitserreger.

KRANKHEITS-ÜBERTRÄGER
STUBENFLIEGE

Die Stubenfliege ist nicht besonders beliebt. Sie kommt fast überall auf der Erde vor und überträgt Krankheitserreger, die bei Menschen mehr als 100 Krankheiten hervorrufen können. An Typhus und Kinderlähmung kann man sogar sterben. Die Fliege nimmt die Krankheitserreger auf, wenn sie über Abfälle läuft oder sich von ihnen ernährt. Später läuft sie dann über Nahrungsmittel. In Ländern, wo das Abwassersystem und die Beseitigung des Mülls nicht gut funktionieren, übertragen Stubenfliegen gefährliche Infektionskrankheiten.

STECKBRIEF

- **GRÖSSE** Etwa 6 mm lang
- **LEBENSRAUM** Alle Lebensräume an Land, oft in der Nähe des Menschen
- **VERBREITUNG** Weltweit
- **NAHRUNG** Menschliche und tierische Nahrung, Abfälle und Kot

WIRKLICH ERSTAUNLICH!

ETWA 4000 ARTEN
Von allen ähnlichen Arten wird nur die Stubenfliege dem Menschen gefährlich.

HÖCHSTALTER DER FLIEGE 25 TAGE

 EIER Ein Weibchen legt etwa 500 Eier, meist auf ihre eigene Nahrung.

 SCHMECKEN Die Fliege schmeckt mit den Füßen! Sie reagieren sensibler als die menschliche Zunge.

 VERBREITUNG Stubenfliegen bleiben während ihres Lebens in einem Umkreis von 3 km.

 GESCHWINDIGKEIT Sie fliegen mit 2 m/s und schlagen 200-mal pro Sekunde mit den Flügeln.

LÄSTIG UND GEFÄHRLICH

TUPFRÜSSEL
Die Stubenfliege tupft mit ihrem Rüssel Flüssigkeiten auf. Feste Nahrung kann sie mit ihrem Speichel und Magensaft verflüssigen. Dabei überträgt sie manchmal Krankheitserreger, die in ihrem Magen sind.

GIFTIGE STACHELN
SCHNECKENSPINNERRAUPE

Eine Schmetterlingsraupe ist für hungrige Vögel eine leichte Beute. Manche Raupen tragen deshalb Brennhaare zum Schutz. Einige verteidigen sich sogar noch wirkungsvoller. Mit ihren hohlen Stacheln kann diese Schneckenspinnerraupe ein sehr schmerzhaftes Gift einspritzen. Ihre auffälligen Farben warnen Vögel und andere Fressfeinde vor diesem Gift.

Diese Raupe gehört zu den gefährlichsten Insekten Nordamerikas.

Wehrhafte Raupe
Mit ihren kräftigen Kiefern kaut diese Raupe Blätter. Sie verbringt sehr viel Zeit mit dem Fressen. Die giftigen Stacheln entspringen an fleischigen Höckern am bunten Körper. Man sollte die Raupe auf keinen Fall berühren.

STECKBRIEF

- **GRÖSSE** Die Raupe ist bis zu 2 cm lang, der Falter hat eine Flügelspanne von etwa 4 cm.
- **LEBENSRAUM** Wiesen, Wälder, Gärten
- **VERBREITUNG** Östliches Nordamerika
- **NAHRUNG** Die Raupen fressen an verschiedenen Pflanzenarten.

WIRKLICH ERSTAUNLICH!

ETWA 1000 ARTEN
Stachelige Verwandte dieser Art kommen weltweit vor, die meisten aber in den Tropen.

AUSSEHEN
Die Raupen erinnern an Nacktschnecken und bewegen sich auch so ähnlich fort, daher der Name.

EIER
Die weiblichen Falter legen etwa 30–50 Eier ab und sterben 3 Wochen später.

ABWEHR
Die bunten Farben warnen Fressfeinde vor den Giftstacheln.

STACHELN
Die Stiche dieser Raupe sind ähnlich schmerzhaft wie Bienen- oder Wespenstiche.

RAUPENSTADIUM BIS ZU 5 MONATE

Die giftigen Stacheln brechen oft ab und bleiben in der Haut des Angreifers stecken.

DER FALTER
Wenn die Raupen genügend gefressen haben, verpuppen sie sich und verwandeln sich in braune Falter mit pelzigen Beinen. Anders als die Raupen sind die Falter harmlos. Sie leben nur so lang, bis sie sich gepaart und ihre Eier abgelegt haben.

Der hellgrüne Ring um den dunklen Sattel warnt vor dem Gift.

ANDERE WEHRHAFTE SCHMETTERLINGSRAUPEN

Seidenspinnerraupe
Am Gift dieser südamerikanischen Raupe sterben jedes Jahr ungefähr 20 Menschen. Es führt zu inneren Blutungen, die auch das Gehirn schädigen können.

Goldafterraupe
Die Raupen spinnen ganze Bäume mit Seide ein und fressen sämtliche Blätter ab. Ihre Brennhaare brechen in der Haut ab und verursachen ein schmerzhaftes Jucken.

Widderchenraupe
Das gelb-schwarze Muster der Raupen warnt Fressfeinde vor dem sehr gefährlichen Gift im Körper. Widderchen sind bunte, tagaktive Nachtfalter.

Nachtfalterraupe
Die Raupe, die im Süden der USA vorkommt, sieht kuschelig aus, ist aber nicht harmlos. Im Pelz verbergen sich Giftstacheln. Das Gift verursacht Übelkeit und Atemnot.

HEIMTÜCKISCHER BLUTSAUGER
ZECKE

Diese kleinen Spinnentiere sind Parasiten, die das Blut von Reptilien, Vögeln und Säugetieren saugen. Sie befallen auch Menschen und heften sich für mehrere Tage an ihr Opfer. Zecken können bis zu 500-mal so viel Blut aufnehmen, wie sie selbst wiegen. Dabei übertragen sie gefährliche Krankheitserreger. Einige können tödlich sein, wenn man sie nicht behandelt.

Die Zecke hat wie eine Spinne acht Beine.

STECKBRIEF

- **GRÖSSE** Bis zu 1 cm lang
- **LEBENSRAUM** Wiesen, Moore, Wälder
- **VERBREITUNG** Weltweit
- **NAHRUNG** Blut

Geduldiges Warten

Eine Zecke ist blind und kann weder springen noch fliegen. Sie klettert an die Spitze eines Zweigs oder Grashalms und wartet. Manchmal dauert es Jahre, bis ein Tier vorbeistreift. Kommt eines, fühlt die Zecke seine Körperwärme. Sie streckt ihre Vorderbeine aus, klettert auf das Opfer und saugt sich fest.

DICKER UND DICKER

Ein Zeckenweibchen, das sich fortpflanzen will, saugt acht bis neun Tage lang Blut. Dabei vergrößert sich ihr Körper um das 10-fache. Wenn es kein Blut mehr aufnehmen kann, zieht es seine Mundwerkzeuge zurück und fällt vom Körper des Wirts ab. Es legt mehrere Tausend Eier und stirbt danach.

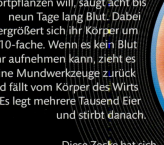

Diese Zecke hat sich vollgesaugt und wird bald von ihrem Opfer abfallen.

WIRKLICH ERSTAUNLICH!

ETWA 700 ARTEN

Zecken haben einen sehr robusten, abgeflachten Körper. Sie warten auf Pflanzen, bis ein Opfer vorbeistreift.

NAHRUNG

Eine Zecke muss nur 3-mal im Leben Blut saugen.

1. Mahlzeit	2. Mahlzeit	3. Mahlzeit
Verwandlung der Larve zur Nymphe	Verwandlung zur Zecke	Energie, um Eier zu legen

AKTIVITÄT

Zecken lauern ihren Opfern meist tagsüber auf.

SINNE

Zecken riechen ihre Opfer und nehmen die Körperwärme wahr.

LEBENSERWARTUNG BIS ZU 7 JAHRE

HEIMLICHER BISS

Die Zecke hat einen Stechrüssel mit Widerhaken. Nachdem sie die Haut des Opfers mit ihren Kiefern aufgeschnitten hat, sticht sie zu. Weil sie dabei einen betäubenden Stoff abgibt, merkt das Opfer nicht, dass die Zecke Blut saugt.

MIKROSKOPISCH KLEINE VERWANDTE

Krätzemilbe

Die winzigen Milben können uns sehr lästig werden. Die Krätzemilbe gräbt sich unter die Haut. Hier frisst und vermehrt sie sich. Sie verursacht eine juckende Hautkrankheit.

Hausstaubmilbe

Sie verspeisen Hautschuppen des Menschen. Unsere Haut stößt ständig Schuppen ab. Viele Menschen sind auf den Kot der Milben allergisch.

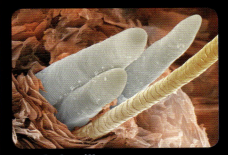

Haarbalgmilben

Sogar in den Wurzeln unserer Wimpern leben Milben. Wir bemerken sie nur selten. Sie ernähren sich von Hautzellen und Fett. Nur wenn es sehr viele sind, können sie Probleme bereiten, doch das kommt selten vor.

Platten mit winzigen Löchern nehmen Luft zum Atmen auf.

Vor der Mahlzeit ist der Zeckenkörper flach. So sieht die Zecke oft jahrelang aus.

LÄSTIG UND GEFÄHRLICH

ACHTBEINIGE GEFAHR
SYDNEY-TRICHTERNETZSPINNE

Das Gift dieser Spinne ist so stark, dass es einen Menschen töten kann. Deshalb gehört die Art zu den gefährlichsten Spinnen. Sie ist mit den riesigen Vogelspinnen verwandt. Ihre gewaltigen Kieferklauen zeigen nach unten wie die Giftzähne einer Klapperschlange. Das Weibchen bleibt meistens in ihrem Bau. Das langbeinige Männchen wandert im Garten oder im Haus umher, wenn es auf der Suche nach einer Partnerin ist. Es ist meistens nachts unterwegs und dann kaum zu erkennen.

ZUM ANGRIFF BEREIT
Bei Gefahr hebt diese Spinne ihre vorderen Beine. Mit den Kieferklauen spritzt sie ihr Gift ein. Wenn sie angreift, beißt sie oft mehrmals zu, um so viel Gift wie möglich einzuspritzen.

Mit diesen Spornen hält das Männchen das Weibchen bei der Paarung fest, damit es nicht zubeißen kann.

STECKBRIEF

- **GRÖSSE** Körper bis zu 4 cm lang
- **LEBENSRAUM** Feuchte Spalten in Wäldern und Gärten
- **VERBREITUNG** Südöstliches Australien
- **NAHRUNG** Kleine Tiere wie Insekten, Eidechsen und Mäuse

WIRKLICH ERSTAUNLICH!

ETWA 85 ARTEN

Diese Art ist das gefährlichste Mitglied einer Gruppe großer Spinnen, die trichterförmige Netze weben.

 EIER Das Weibchen legt etwa 100 Eier. Sie entwickeln sich in einem Eikokon aus Seide.

 ABWEHR Diese aggressive Spinne verteidigt sich, indem sie Gift einspritzt.

 AKTIVITÄT Diese Spinnen sind vor allem nachts aktiv. Tagsüber verbergen sie sich an kühlen, feuchten Stellen.

 BAU Der Bau ist ungefähr 30 cm tief und mit Seide ausgekleidet. Oft ist er Y-förmig und besitzt zwei Eingänge.

HÖCHSTALTER DES WEIBCHENS **10 JAHRE**

GIFTIGSTE SPINNE

TÖDLICHES GIFT

Das Gift der Männchen ist stärker als das der Weibchen. Es greift das Nervensystem an und führt zu Muskelkrämpfen, Schweißausbrüchen, Übelkeit, Verwirrung und schließlich zum Herzstillstand. Man kann aus dem Gift jedoch ein Gegengift herstellen. Dazu muss man gefangene Spinnen „melken". Aber nur erfahrene und mutige Spezialisten können das.

ANDERE GIFTSPINNEN

Das Risiko, von einer Spinne gebissen zu werden, ist sehr klein. Einige Arten sind jedoch berüchtigt, weil ihr Gift sehr gefährlich ist.

BRASILIANISCHE WANDERSPINNE
Diese große, aggressive Art konkurriert mit der Sydney-Trichternetzspinne um den Titel der gefährlichsten Spinne. Wenn sie droht, hebt auch sie ihre Vorderbeine.

SÜDLICHE SCHWARZE WITWE
Obwohl sie klein ist, hat das Weibchen dieser Art große Giftdrüsen, die ein starkes Nervengift bilden. Todesfälle sind selten, aber der Biss ist sehr schmerzhaft.

SÜDAMERIKANISCHE WINKELSPINNE
Der Biss dieser Spinne ruft Wunden hervor, die monatelang nicht heilen. Das Gift kann auch zu Nierenversagen führen und ist dann tödlich.

AFRIKANISCHE SANDSPINNENART
Diese Spinne lebt in den Wüsten im südlichen Afrika. Sie ist gut getarnt und hat ein sehr starkes Gift. Glücklicherweise werden nur selten Menschen von ihr gebissen.

Das Männchen setzt bei der Paarung die spezialisierten, langen Palpen ein.

In den Kieferklauen befinden sich die Giftdrüsen. Mit den langen Fängen wird das Gift eingespritzt.

Die Spinne muss sich aufrichten, um zuzubeißen, denn die Kieferklauen sind nach unten gerichtet.

TÖDLICHER ERREGER
ANOPHELESMÜCKE

Im Vergleich zu dieser Mücke sind alle anderen Insekten harmlos. Die Anophelesmücke überträgt die Krankheit Malaria, an der jedes Jahr mehr als 1 Million Menschen sterben. Die Krankheitserreger leben im Körper der Mücke. Wenn sie einen Menschen sticht, um sein Blut zu saugen, werden sie auf ihn übertragen.

Mit den Fühlern nimmt das Insekt den Atem des Opfers wahr.

Palpen

Die Mücke sticht mit ihren spitzen Mundwerkzeugen in ein Blutgefäß.

Mit der Scheidenspitze kann die Mücke Blutgefäße in der Haut wahrnehmen.

Stechborsten dringen in die Haut ein.

PRÄZISIONSINSTRUMENT

Hier sind die Mundwerkzeuge der Mücke zu sehen. Eine Scheide schützt die Stechborsten. Sie wird zurückgeschoben, wenn die Mücke ihr Opfer sticht. Der Speichel, den sie mit dem dünnen Rohr einspritzt, verhindert, dass das Blut gerinnt. Mit dem größeren Rohr saugt sie es auf.

WIRKLICH ERSTAUNLICH!

ETWA 465 ARTEN

Es gibt mehrere Tausend Mückenarten auf der Erde, aber nur bestimmte tropische Arten übertragen Malaria.

AKTIVITÄT
Die Mücken sind von Mitternacht bis zum frühen Morgen am aktivsten.

ZEITSPANNE
Manche Menschen sterben nach wenigen Tagen an Malaria. Andere überleben jahrelang.

WAHRNEHMUG
Die Mücken nehmen die Körperwärme und den Schweiß ihrer Opfer wahr.

FLÜGELSCHLÄGE
Die Mücke schlägt 400-mal pro Sekunde mit den Flügeln. Man hört ein Summen.

LEBENSERWARTUNG DER MÜCKE: 1–2 WOCHEN

Gefährliche Weibchen

Nur die Mückenweibchen saugen Blut. Sie brauchen die darin enthaltenen Nährstoffe, um Eier zu bilden. Menschen sind ideale Opfer, denn sie haben kein schützendes Fell. Die Mücke besitzt röhrenförmige, spitze Mundwerkzeuge, mit denen sie die Haut durchsticht. Dann saugt sie das Blut in ihren Magen.

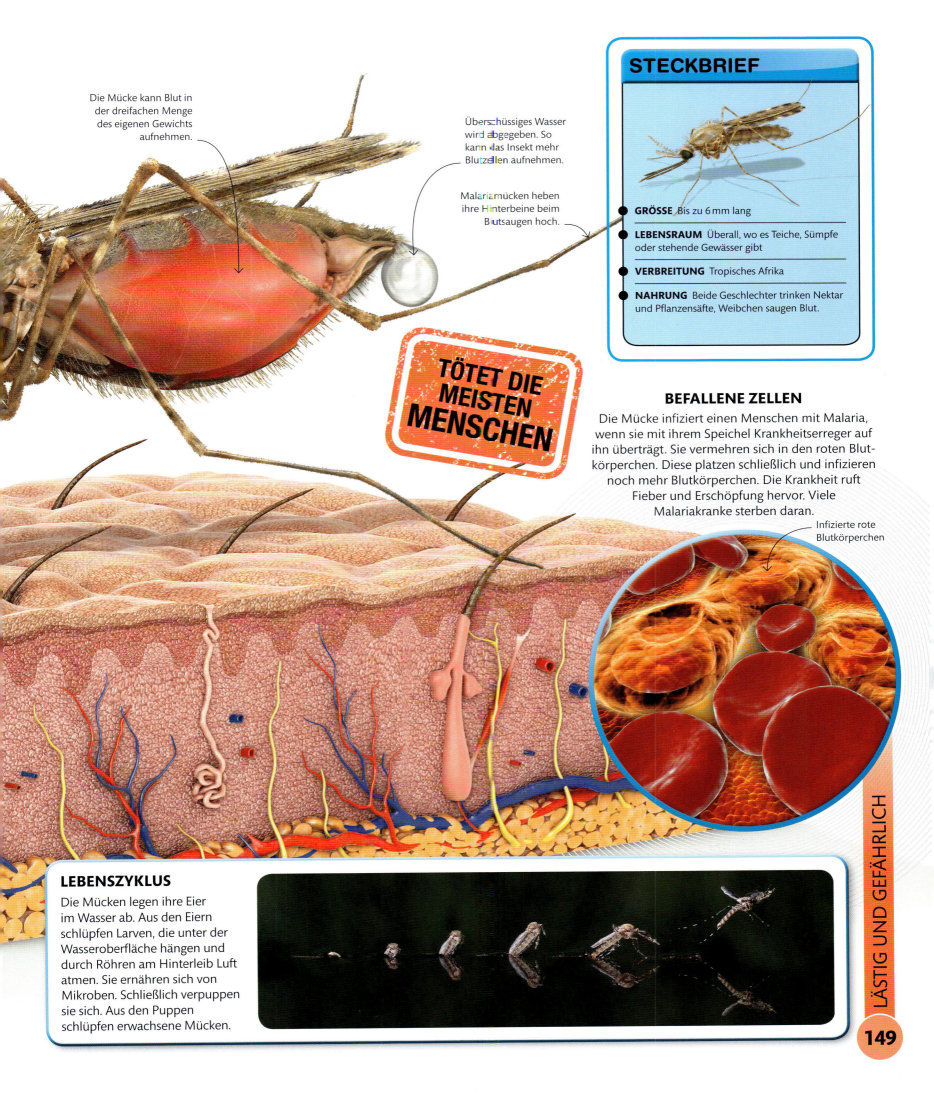

Die Mücke kann Blut in der dreifachen Menge des eigenen Gewichts aufnehmen.

Überschüssiges Wasser wird abgegeben. So kann das Insekt mehr Blutzellen aufnehmen.

Malariamücken heben ihre Hinterbeine beim Blutsaugen hoch.

STECKBRIEF

- **GRÖSSE** Bis zu 6 mm lang
- **LEBENSRAUM** Überall, wo es Teiche, Sümpfe oder stehende Gewässer gibt
- **VERBREITUNG** Tropisches Afrika
- **NAHRUNG** Beide Geschlechter trinken Nektar und Pflanzensäfte, Weibchen saugen Blut.

TÖTET DIE MEISTEN MENSCHEN

BEFALLENE ZELLEN

Die Mücke infiziert einen Menschen mit Malaria, wenn sie mit ihrem Speichel Krankheitserreger auf ihn überträgt. Sie vermehren sich in den roten Blutkörperchen. Diese platzen schließlich und infizieren noch mehr Blutkörperchen. Die Krankheit ruft Fieber und Erschöpfung hervor. Viele Malariakranke sterben daran.

Infizierte rote Blutkörperchen

LEBENSZYKLUS

Die Mücken legen ihre Eier im Wasser ab. Aus den Eiern schlüpfen Larven, die unter der Wasseroberfläche hängen und durch Röhren am Hinterleib Luft atmen. Sie ernähren sich von Mikroben. Schließlich verpuppen sie sich. Aus den Puppen schlüpfen erwachsene Mücken.

LÄSTIG UND GEFÄHRLICH

NÄCHTLICHER STICH
RAUBWANZE

Diese Wanze ist zwar klein, aber sie kann Menschen sehr gefährlich werden. Das Insekt trinkt Blut. Nachts klettert es auf sein Opfer und sticht es meist ins Gesicht. Weil der Speichel ein Betäubungsmittel enthält, wird der Stich oft nicht bemerkt. Wenn die Wanze genug getrunken hat, verschwindet sie wieder in ihrem Versteck. Viele dieser Wanzen übertragen Erreger der Chagaskrankheit. Diese Mikroben greifen Muskel- und Nervenzellen im ganzen Körper an und der Kranke bekommt hohes Fieber. Manche der Infizierten sterben an der Krankheit.

STECKBRIEF

- **GRÖSSE** Bis zu 2 cm lang
- **LEBENSRAUM** Wälder, Wiesen und Häuser
- **VERBREITUNG** Tropisches Südamerika
- **NAHRUNG** Blut

WIRKLICH ERSTAUNLICH!

ETWA **70** ARTEN

Die gefährlichste Art lebt in den Tropen, Verwandte kommen in Nordamerika vor.

LEBENSERWARTUNG BIS ZU **12** MONATE

EIER
Das Weibchen lebt 3 bis 12 Monate und legt in dieser Zeit 100 bis 600 Eier.

ORIENTIERUNG
Die Körperwärme von Haustieren und Menschen lockt die Wanzen an.

ABWEHR
Die Wanzen sondern einen üblen Geruch ab und quietschen zur Abwehr.

FLÜSSIGNAHRUNG
Nach einer Mahlzeit sind die Wanzen bis zu 4-mal so dick.

LÄSTIG UND GEFÄHRLICH

PRAKTISCHER RÜSSEL
Andere Raubwanzen stechen ihr Opfer und spritzen ihm Speichel ein, der die Gewebe auflöst. Dann saugen sie die Flüssigkeit auf. Der hohle Saugrüssel ist perfekt an diese Ernährung angepasst.

UNGEBETENE GÄSTE
SCHABEN

Die ersten Schaben entwickelten sich vor mehr als 300 Millionen Jahren. Seitdem sind diese Insekten sehr erfolgreich. Sie fressen fast alles und kommen in ganz unterschiedlichen Lebensräumen vor: in der Wüste, aber auch in der arktischen Tundra. Einige Arten sind berüchtigte Schädlinge, die in unseren Häusern leben. Nachts kommen sie aus ihrem Versteck und machen sich auf die Suche nach Nahrung.

Nicht wählerisch

Die Deutsche Schabe stammt wahrscheinlich aus Südostasien, aber weil sie warme Gebäude liebt, hat sie sich auf der ganzen Erde ausgebreitet. Sie ernährt sich von unseren Abfällen und verschmutzt Nahrungsmittel mit ihrem Kot. Wenn Essbares knapp ist, fressen diese Schaben sogar Seife, Klebstoff oder sich gegenseitig!

Ein Schild schützt den vorderen Teil des Körpers.

Das vordere Flügelpaar ist robust wie Leder.

STECKBRIEF

- **GRÖSSE** Bis zu 16 mm lang
- **LEBENSRAUM** Vor allem Räume, in denen Lebensmittel gelagert werden
- **VERBREITUNG** Weltweit
- **NAHRUNG** Bevorzugt Fleisch und stärke- oder zuckerhaltige Nahrung

WIRKLICH ERSTAUNLICH!

ETWA 4500 ARTEN

Weltweit kommen Tausende Schabenarten vor, aber nur 30 Arten leben in Gebäuden und sind Schädlinge.

ROBUST
Einige Arten sind Überlebenskünstler. Sie kommen wochenlang fast ohne Nahrung aus.

EIER
Ein Weibchen der Deutschen Schabe legt etwa 5 Eikapseln. Jede enthält etwa 40 Eier.

WACHSTUM
Eine Schabe häutet sich etwa 6-mal, bis sie ausgewachsen ist.

REKORD
Die Riesen-Totenkopfschabe aus Zentralamerika wiegt etwa 35 g und ist die schwerste Schabe der Erde.

LEBENSERWARTUNG 3 MONATE

ANDERE SCHABEN

Schaben sind unbeliebt, aber die meisten Arten sind völlig harmlos. Sie leben in Wäldern, Wiesen, Sümpfen, Höhlen und anderen Lebensräumen. Dort ernähren sie sich von tierischen und pflanzlichen Abfällen. Diese Insekten sind ein wichtiger Teil der Nahrungskette, denn sie verwerten Abfallstoffe, sodass die Nährstoffe zurück in den Boden gelangen.

Große Schabe
Diese Schabe wird bis zu 10 cm lang. Sie lebt in den Wäldern des tropischen Zentralamerikas, meistens in hohlen Bäumen und Felshöhlen.

Fauchende Schabe
Die große, flügellose Schabe lebt in Madagaskar in morschem Holz. Wenn sie Luft aus ihren Atemlöchern ausstößt, klingt es, als würde sie fauchen.

Getarnte Schabe
Diese Schabe, die in den Wäldern Südostasiens lebt und einem welken Blatt ähnelt, kümmert sich wie viele Schabenarten um ihre Larven.

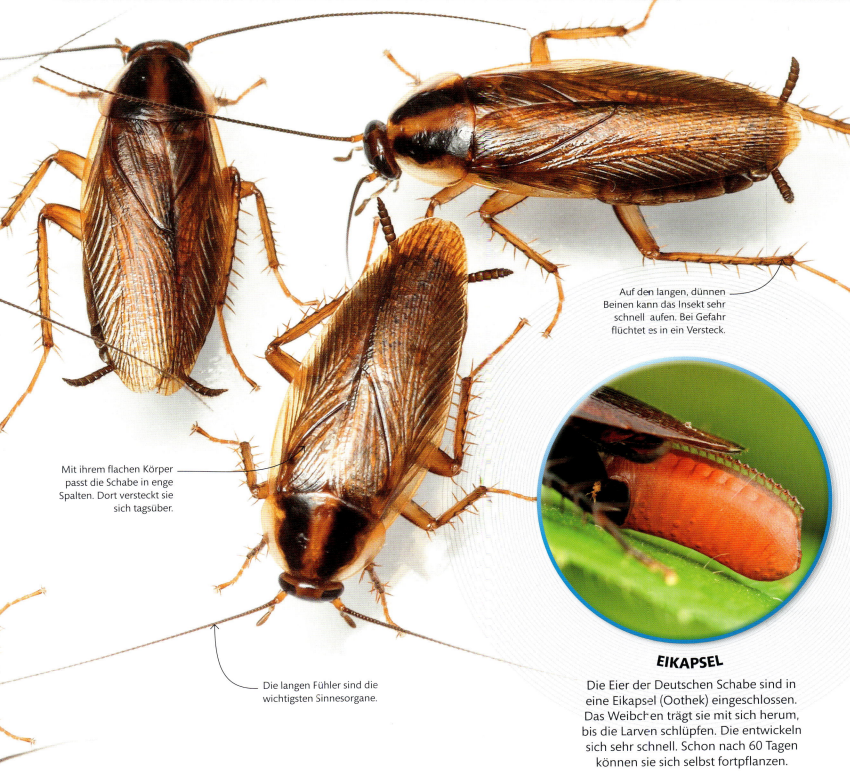

Auf den langen, dünnen Beinen kann das Insekt sehr schnell laufen. Bei Gefahr flüchtet es in ein Versteck.

Mit ihrem flachen Körper passt die Schabe in enge Spalten. Dort versteckt sie sich tagsüber.

Die langen Fühler sind die wichtigsten Sinnesorgane.

EIKAPSEL

Die Eier der Deutschen Schabe sind in eine Eikapsel (Oothek) eingeschlossen. Das Weibchen trägt sie mit sich herum, bis die Larven schlüpfen. Die entwickeln sich sehr schnell. Schon nach 60 Tagen können sie sich selbst fortpflanzen.

LÄSTIG UND GEFÄHRLICH

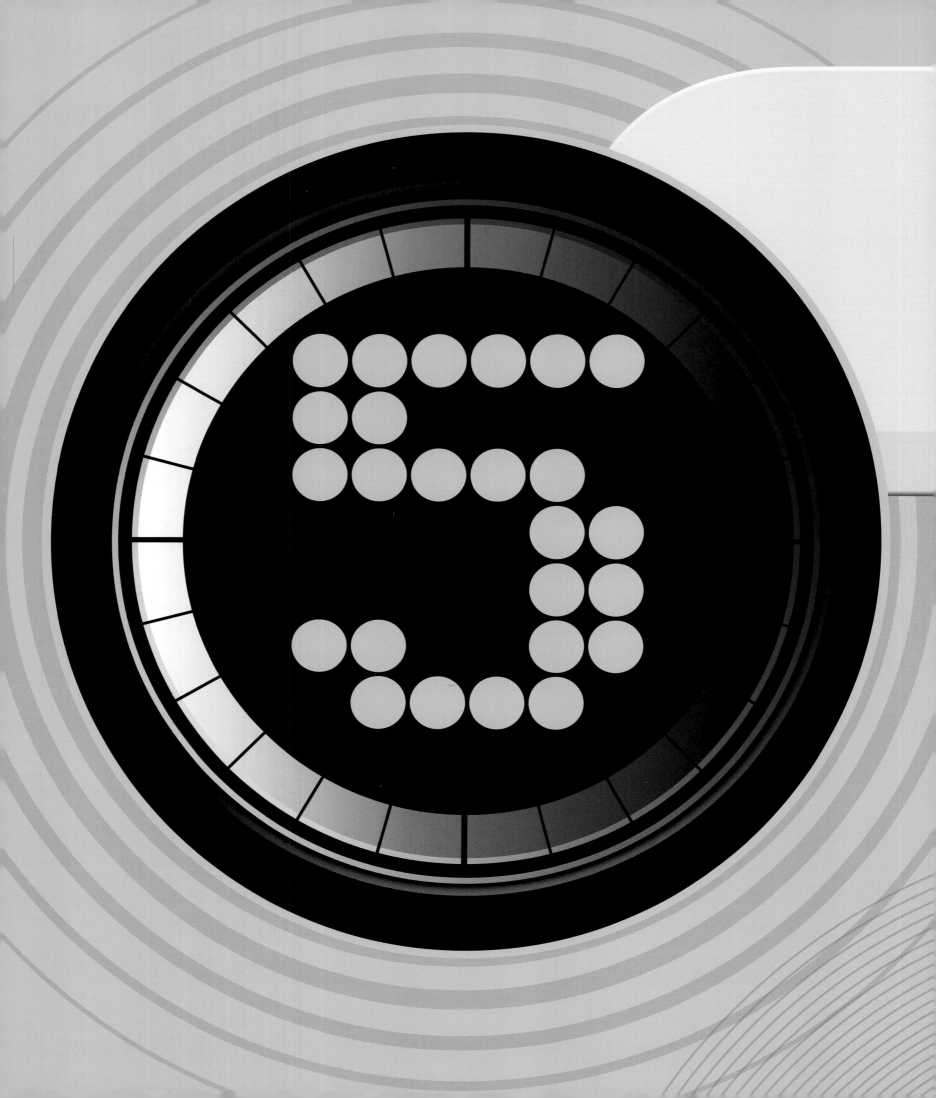

LEBENSWEISE

Viele wirbellose Tiere haben eine bemerkenswerte Lebensweise. Einige bilden große Kolonien und teilen sich die Aufgaben. Andere verändern ihre Gestalt im Lauf ihres Lebens völlig. Manche Arten kümmern sich erstaunlich gut um ihre Jungen. Bei anderen gefriert der Körper im Winter und taut im Frühjahr wieder auf.

BUNTER BRUTPARASIT
GOLDWESPE

Dieses Insekt funkelt wie ein Edelstein. Obwohl es so schön aussieht, ist es ganz und gar nicht harmlos. Die Goldwespe ist eine Kuckuckswespe. Sie trägt diese Bezeichnung, weil sie wie der Kuckuck ein Brutparasit ist. Sie schlüpft in das Nest einer anderen Wespe oder Biene und legt ein Ei hinein. Wenn ihre Larve dann schlüpft, verspeist sie die Larven des Nestbesitzers.

UNDURCHDRINGLICHE KUGEL

Es ist gefährlich, in das Nest einer Wespe oder Biene einzudringen, denn der Besitzer könnte mit seinem Giftstachel angreifen. Die Goldwespe rollt sich zur Verteidigung zusammen. Ihr dicker Chitinpanzer am Rücken schützt sie vor Stichen.

Schillernde Farben

Die schillernden Farben der Goldwespe entstehen, weil kleine Höcker und Vertiefungen des Außenskeletts das Licht auf bestimmte Weise reflektieren. Im Sonnenlicht funkelt die Wespe besonders prächtig.

Wie die meisten Wespen hat dieses Insekt zwei durchsichtige Flügelpaare.

Der dick gepanzerte Hinterleib ist unten eingewölbt. Die Wespe zieht ihre Beine dorthin ein, wenn sie sich zusammenrollt.

Weibchen besitzen eine kräftige Legeröhre.

Sogar die Beine schillern im Sonnenlicht in allen Regenbogenfarben.

STECKBRIEF

- **GRÖSSE** Bis zu 12 mm lang
- **LEBENSRAUM** Vor allem trockene Gebiete
- **VERBREITUNG** Weltweit
- **NAHRUNG** Die Wespen ernähren sich von Nektar, die Larven von Bienen- und Wespenlarven.

RISKANTE STRATEGIE

Die Goldwespe lauert vor allem auf Wildbienen, die nicht in Kolonien leben, sondern ihre Nester einzeln bauen. Sie muss in das Bienennest schlüpfen, ohne vom Nestbesitzer bemerkt zu werden. Deshalb beobachtet sie es und wartet, bis die Elternbiene wegfliegt. Dann muss sie ihr Ei ablegen, bevor die Nestbesitzerin zurückkommt.

Diese Goldwespe wartet, bis die Biene ihr Nest verlassen hat.

Mit den großen Komplexaugen beobachtet die Wespe ihr Opfer.

Mit den Fühlern prüft die Goldwespe den Geruch am Nesteingang.

STICHSICHERER PANZER

WIRKLICH ERSTAUNLICH!

ETWA 1.000 ARTEN

Verschiedene Kuckuckswespen kommen weltweit vor. Die meisten sind bunt gefärbt.

AKTIVITÄT
Goldwespen sind tagsüber sehr aktiv. Sie laufen an Wänden und Baumstämmen auf und ab.

LARVEN
Die Larven verpuppen sich im Nest des Wirts. Im nächsten Jahr schlüpfen die Wespen.

FARBE
Viele Arten sehen ähnlich aus und schillern in Blau-, Rot-, Grün- und Goldtönen.

STACHEL
Goldwespen besitzen zwar einen Stachel, aber sie bilden kein Gift.

HÖCHSTALTER DER WESPE: 3 MONATE

LEBENSWEISE

TIERKADAVER-BESEITIGER
TOTENGRÄBER

Der ganze Erdboden wäre von toten Tieren übersät, wenn es nicht Insekten wie diesen Käfer gäbe. Seine Larven ernähren sich von Aas. Angelockt vom Geruch, scharrt ein Käferpärchen die Erde unter einem toten Tier fort, sodass es in den Boden einsinkt. Wenn der Boden zu hart ist, ziehen die Käfer den Kadaver an eine geeignetere Stelle. Ist er verbuddelt, legt das Weibchen seine Eier dort ab. Wenn die Larven schlüpfen, fressen sie das Aas, bis sie sich in erwachsene Käfer verwandeln. Totengräber beschützen ihre Larven und füttern sie sogar.

STECKBRIEF

- **GRÖSSE** Bis zu 2 cm lang
- **LEBENSRAUM** Wiesen und Wälder
- **VERBREITUNG** Europa, nördliches Asien und Nordamerika
- **NAHRUNG** Tote Tiere

WIRKLICH ERSTAUNLICH!

ETWA **150** ARTEN

Verwandte Käfer kommen weltweit vor. Bei allen Arten ernähren sich die Larven von Aas.

LEBENSERWARTUNG BIS ZU **1** JAHR

GERUCH Totengräber können Aas aus 1,6 km Entfernung riechen.
km 0,5 1 1,5 2

KRAFT Zwei Käfer können eine tote Ratte bewegen, die 450 g wiegt.

AKTIVITÄT Die Käfer sind meist nachtaktiv. Sie vergraben gefundenes Aas sofort.

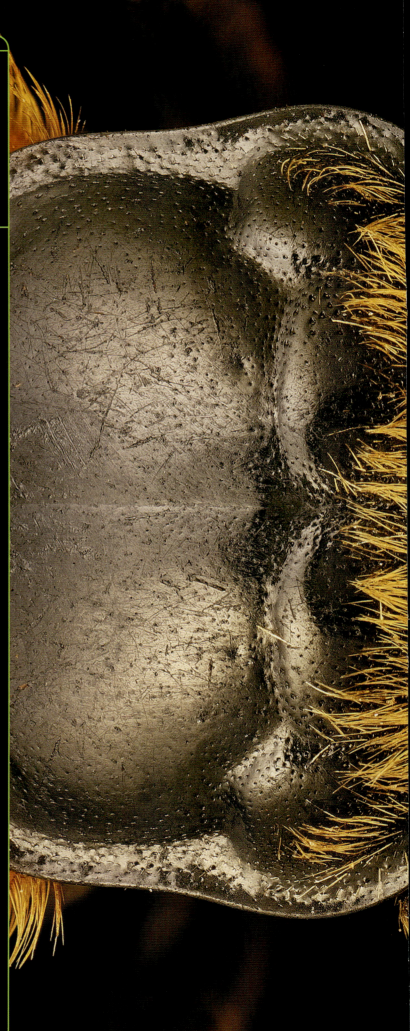

LEBENSWEISE

158

KÖRPERSUCHER

Totengräber können mit ihren Fühlern eine tote Maus aus erstaunlich großer Entfernung wahrnehmen. Manchmal treffen sich mehrere Käfer bei einem Kadaver, aber das stärkste Pärchen schafft es meistens, die Konkurrenten zu vertreiben.

RECYCLING-EXPERTE
MISTKÄFER

STECKBRIEF

- **GRÖSSE** Bis zu 2,5 cm lang
- **LEBENSRAUM** Wiesen, auf denen Weidetiere leben
- **VERBREITUNG** Europa, Asien und Afrika
- **NAHRUNG** Kot von Tieren

Für uns sind Kuhfladen oder der Kot anderer Weidetiere unappetitlich. Für die Larven des Mistkäfers aber bilden sie eine gute Nahrungsquelle. Die Käfer vergraben den Mist und legen Eier in ihm ab. Wenn sich die Larven entwickeln, verspeisen sie den Mist. So werden die Abfallstoffe wiederverwertet und Nährstoffe gelangen zurück in den Boden.

Gänge graben

Einige Mistkäfer, wie diese europäische Art, graben unter dem Kot von Pferden oder Rindern einen Bau. Das Weibchen transportiert eine Mistkugel in jeden Gang und legt ein Ei hinein. Dann verschließt es den Gang mit Erde.

Mistkäfer riechen frischen Mist aus großer Entfernung und kommen aus allen Richtungen angeflogen.

Zunächst graben die Käfer einen Gang unter dem Kuhfladen. Dann transportieren sie Mistkugeln hinein.

GUTER GRÄBER

Mistkäfer graben mit ihren kräftigen Vorderbeinen ein System aus Gängen unter dem Mist. Die mit Zähnchen besetzten Beine sind ideal, um die Erde wegzuschaufeln.

In jeden Gang wird eine Mistkugel befördert, in die ein Ei gelegt wird.

Die Mistkugeln sind genau so groß, dass sie 1 Jahr lang als Nahrung ausreichen.

WIRKLICH ERSTAUNLICH!

LEBENSERWARTUNG
BIS ZU 3 JAHRE

EIER
Ein Weibchen legt 3 bis 20 Eier auf einmal.

BAUE
Die Gänge, die manche Arten graben, können 50 cm tief in die Erde reichen.

GEWICHT
In einer Nacht kann ein Käfer Mist vergraben, der 250-mal so viel wiegt wie er.

AKTIVITÄT
Man fand heraus, dass sich nachtaktive Mistkäfer am Sternenhimmel orientieren.

ARTEN
MEHR ALS 7000
Weltweit kommen verschiedene Käferarten vor, die auf den Kot einheimischer Tiere spezialisiert sind.

KÄFERLARVE

Wenn die Käferlarven schlüpfen, ernähren sie sich 1 Jahr lang vom vergrabenen Mist. Er enthält jede Menge Nährstoffe. Während sie heranwachsen, häuten sie sich mehrmals. Schließlich verpuppen sie sich und verwandeln sich in die erwachsenen Käfer.

UNTERSCHIEDLICHES VERHALTEN

Einige Mistkäferarten rollen mit erstaunlicher Kraft große Kugeln aus Mist. Andere legen ihre Eier direkt in den Kot.

KUGELROLLER
Diese Mistkäfer rollen aus dem Mist Kugeln und vergraben sie als Nahrungsvorrat für ihre Larven. Eine Kugel ist ungefähr 50-mal so schwer wie der Käfer.

IN DEN HAUFEN
Andere Arten verschwenden ihre Energie nicht damit, den Mist zu Kugeln zu rollen. Sie graben sich direkt in den Mist, in dem sich später ihre Larven entwickeln.

LEBENSWEISE

161

EISKALTER ÜBERLEBENDER
PLATTKÄFER

Gleichwarme Tiere wie Säugetiere überstehen Kälte, weil sie Energie aus ihrer Nahrung in Körperwärme umwandeln. Wechselwarme Tiere wie Insekten können das nicht. Wären sie extremer Kälte ausgesetzt, dann würden Eiskristalle ihre Gewebe zerstören. In der Körperflüssigkeit dieses Käfers befindet sich deshalb eine Art Frostschutzmittel. So übersteht er den eiskalten Winter in Alaska. Sein Körper gefriert, wenn er unter der Baumrinde überwintert. Dies schadet ihm aber nicht.

STECKBRIEF

- **GRÖSSE** Bis zu 14 mm lang
- **LEBENSRAUM** Waldbäume
- **VERBREITUNG** Nordwestliches Nordamerika
- **NAHRUNG** Insekten

WIRKLICH ERSTAUNLICH!

14 ARTEN

TEMPERATUR Die Käfer überleben Temperaturen von –150 °C.

FARBEN Andere verwandte Arten sind braun oder gelb.

Verwandte Arten leben in allen nördlichen Wäldern der Erde.

LEBENSZYKLUS Das Larvenstadium dauert 2 Jahre. Auch die Larve übersteht Eiseskälte.

Jahre 1 2 3

Es dauert 2 Wochen, bis sich der Käfer in der Puppe entwickelt.

HÖCHSTALTER DES KÄFERS: 1 JAHR

SCHLANKER JÄGER

Im Sommer erbeutet der Käfer andere Insekten unter lockeren Rindenstückchen. Mit seinem flachen Körper kommt er in die engsten Spalten. Er kann sogar Insektenlarven aufspüren, die in Gängen tief im Holz der Bäume leben.

GENIALE BAUMEISTER
TERMITEN

Nur wenige Tiere sind so gute Baumeister wie die Termiten. Die meisten Termitenarten sind blind und leben zusammen in riesigen Kolonien. Diese Insekten bauen komplizierte, steinharte Nester aus Schlamm und Speichel. Sie ragen oft wie Türme in der Landschaft auf. In manchen Nestern gibt es spezielle Kammern, in denen die Termiten Pilze als Nahrung züchten. Eine eingebaute Klimaanlage kühlt das Nest.

Durch die Gänge verlassen die Termiten das Nest, um Nahrung zu sammeln.

SCHLAU GEBAUT

Es gibt viele verschiedene Termitenhügel. Im heißen, trockenen Norden Australiens bauen Kompasstermiten keilförmige Hügel, deren schmale Seite nach Norden weist. So kann die Morgen- und Abendsonne die breiten Seiten des Hügels aufwärmen. Die Fläche, die der Mittagshitze der Sonne ausgesetzt ist, ist dagegen nur klein.

Termitenhügel

In den hohen Hügeln der Termiten, die in der afrikanischen Savanne leben, befinden sich Kammern für die Königin und die heranwachsenden Larven. Außerdem legen die Insekten im Hügel Pilzgärten an. Heiße Luft entweicht nach oben wie in einer natürlichen Klimaanlage. Die Hügel können mehr als 7 Meter hoch sein.

SCHÄDEN AUSBESSERN

Wenn das Nest beschädigt wird, strömen Hunderte Arbeiter herbei. Sie transportieren Erde im Mund, die sie mit Speichel vermischen. Mit diesem Mörtel reparieren sie das Nest. Währenddessen bewachen Soldaten die Arbeiter und greifen alle Eindringlinge an.

WIRKLICH ERSTAUNLICH!

MEHR ALS 3100 ARTEN
Termiten, die Pilzgärten anlegen, sind nur eine von vielen Gruppen. Diese Insekten leben in allen warmen Regionen der Erde.

EIER
Die Königin legt täglich bis zu 30 000 Eier, alle 3 Sekunden eines.

ABWEHR
Soldaten beißen oder sprühen giftige, klebrige Flüssigkeiten auf Angreifer.

KOLONIE
Eine Kolonie kann aus bis zu 7 Millionen Termiten bestehen.

GEWICHT
Alle Termiten der Savanne wiegen doppelt so viel wie die großen Tiere dort zusammen.

HÖCHSTALTER DER KÖNIGIN: 15 JAHRE

Warme Luft steigt auf und sinkt in Gängen nahe der Oberfläche wieder ab. Dabei nimmt sie Sauerstoff auf.

PILZGARTEN

Manche Termiten schwärmen aus und füllen ihre Mägen mit zerkautem Gras. Da sie es nicht verdauen können, würgen sie es in dafür vorgesehenen Kammern im Nest wieder hervor. Auf dieser Masse züchten sie einen Pilz, der nur in Termitennestern wächst. Die Termiten ernähren sich von ihm.

Der Pilz verwandelt das unverdauliche Gras in Termitennahrung.

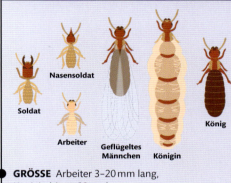

STECKBRIEF

Soldat · Nasensoldat · Arbeiter · Geflügeltes Männchen · Königin · König

- **GRÖSSE** Arbeiter 3–20 mm lang, Königin bis zu 13 cm lang
- **LEBENSRAUM** Vor allem im Grasland
- **VERBREITUNG** Warme Regionen weltweit
- **NAHRUNG** Pflanzenteile und gezüchtete Pilze

KÖNIGLICHE KAMMER

Eine Termitenkolonie kann aus mehreren Millionen Insekten bestehen, darunter Arbeiter, Soldaten, junge Männchen und Weibchen. Sie alle sind die Nachkommen der Königin und des Königs. Die Königin hat einen riesigen Hinterleib und legt jeden Tag Tausende von Eiern. Sie verlässt ihre Kammer in der Mitte des Nests nie.

Arbeiter

Königin

Grundwasser befeuchtet die Luft, die durch das Nest strömt.

LEBENSWEISE

NASENSOLDATEN

Termitenkolonien werden von Soldaten verteidigt. Diese Arbeiter sind auf die Abwehr von Feinden spezialisiert. Die Soldaten der meisten Arten haben große, kräftige Kiefer. Eine Termitengruppe hat eine besondere Waffe entwickelt. An den Köpfen der Soldaten befinden sich „Nasen". Mit ihnen versprühen die Insekten klebrige, giftige Chemikalien. So werden vor allem Ameisen abgeschreckt, die Hauptfeinde der Termiten.

JEDE MENGE NACHWUCHS
ERBSENBLATTLAUS

Viele Insekten vermehren sich schnell – Blattläuse sind dabei Weltmeister. Sie ernähren sich von Pflanzensäften. Erbsenblattläuse machen sich über Erbsenpflanzen her. Wenn diese im Sommer gut wachsen, vermehren sich die Blattläuse auf ungewöhnliche Weise. Die Weibchen bringen Nachwuchs zur Welt, ohne sich vorher mit einem Männchen zu paaren. Ihre Töchter bringen dann selbst bald Junge zur Welt und so weiter. Im Spätsommer paaren sich männliche und weibliche Blattläuse. Die Weibchen legen Eier, die den Winter überdauern.

STECKBRIEF

- **GRÖSSE** Bis zu 4 mm lang
- **LEBENSRAUM** Wälder, Wiesen, Agrarland und Gärten
- **VERBREITUNG** Fast weltweit, wo Nutzpflanzen wachsen
- **NAHRUNG** Zuckerhaltige Säfte von Pflanzen aus der Familie der Schmetterlingsblütler

WIRKLICH ERSTAUNLICH!

ETWA 4400 ARTEN
Weltweit gibt es Tausende von Blattlausarten. Viele vermehren sich rasch, ohne sich zu paaren.

ABWEHR
Blattläuse kicken mit den Hinterbeinen. Einige geben Alarmstoffe ab.

FARBE
Die meisten Arten sind grün, aber es gibt auch rosa, schwarze, braune und farblose Läuse.

LARVEN
In 30 Tagen kann ein Weibchen etwa 1 Million Nachkommen haben.

STRATEGIE
Einige Ameisen beschützen Blattläuse und ernähren sich vom Honigtau, den diese abgeben.

LEBENSERWARTUNG BIS ZU 40 TAGE

EBENBILD DER MUTTER
Diese Blattlaus bringt gerade eine winzige Larve zur Welt, die genauso aussieht wie sie selbst. Bald wird auch diese Tochter Nachwuchs bekommen. Weil die junge Blattlaus keinen Vater hat, ist sie ein Klon ihrer Mutter.

LEBENSWEISE

FLEISSIGE ARBEITERIN
HONIGBIENE

Kaum ein Insekt ist uns so nützlich wie die Honigbiene. Seit Jahrtausenden liefert sie Honig und bestäubt unsere Nutzpflanzen, sodass sich Früchte mit Samen bilden können. Honigbienen leben in großen Kolonien. Nur die Königin legt Eier. Alle anderen Bienen sind ihre Töchter und Söhne.

Bienen haben zwei Flügelpaare. Sie sind mit winzigen Häkchen verbunden und bewegen sich wie ein einziger Flügel.

HONIG MACHEN

Honigbienen kehren mit zuckerhaltigem Nektar im Magen in ihren Stock zurück. Den Nektar geben sie an andere Bienen weiter, die bestimmte Stoffe dazugeben. Diese Stoffe verwandeln den Nektar in Honig. Die Bienen füllen den Honig in Waben aus Wachs. Sie fächeln mit ihren Flügeln, damit das Wasser verdunstet. Der Honig ist ihr Vorrat für den Winter.

Arbeiterinnen haben einen Giftstachel, mit dem sie die Kolonie verteidigen.

Bienen besitzen borstige Bereiche an den Hinterbeinen, in denen sich der Pollen sammelt. Man bezeichnet sie als Körbchen.

In den Haaren, die den Körper bedecken, verfängt sich Pollen, wenn die Bienen eine Blüte besuchen.

Mit diesem kräftigen Teil des Beins wird der Pollen zusammengepresst.

Wichtige Aufgabe

Honigbienen stellen den Honig aus Blütennektar her. Wenn sie eine Blüte besuchen, um Nektar zu sammeln, werden sie mit Pollen eingestäubt, den sie zur nächsten Blüte tragen. Die mit Pollen bestäubte Blüte kann Früchte mit Samen bilden. Bienen sind somit wichtige Blütenbestäuber.

STECKBRIEF

- **GRÖSSE** Bis zu 2 cm lang
- **LEBENSRAUM** Wälder, Wiesen, Felder und Gärten
- **VERBREITUNG** Stammt aus dem östlichen Asien und wurde weltweit eingeführt.
- **NAHRUNG** Die Bienen trinken Nektar, die Larven werden mit Honig und Pollen gefüttert.

WIRKLICH ERSTAUNLICH!

7 ARTEN
Es gibt Tausende von Bienenarten, aber nur 7 Arten stellen Honig her.

KOLONIE
Bis zu 80 000 Honigbienen können in einer Kolonie leben.
0 20 000 40 000 60 000 80 000 100 000

EIER
Die Königin legt bis zu 2000 Eier täglich. Aus den meisten entwickeln sich Arbeiterinnen.

HONIG
Für 450 g Honig, müssen die Bienen etwa 10 Millionen Sammelflüge unternehmen.

HÖCHSTALTER DER KÖNIGIN: 5 JAHRE

DIE KÖNIGIN

In jedem Bienenstock gibt es eine Königin, die etwas größer ist als die Arbeiterinnen. Sie gibt Duftstoffe ab, die man Pheromone nennt. Alle Arbeiterinnen sind Weibchen, doch Pheromone verhindern, dass sie sich fortpflanzen. Manche der Larven entwickeln sich zu Männchen, die man als Drohnen bezeichnet.

Königin

Arbeiterin

Mit drei einfachen Punktaugen nimmt die Biene Helligkeit wahr.

Mit den großen Komplexaugen erkennt das Insekt Farben und findet so Blüten.

Mit den Fühlern nimmt die Biene den Duft von Blüten und den Geruch anderer Bienen wahr.

An den vorderen Beinen befinden sich Borsten, mit denen die Biene Pollen vom Körper bürstet und in die Körbchen befördert.

Eine Honigbiene schlägt 250-mal pro Sekunde mit den Flügeln.

BIENENTANZ

Wenn die Honigbiene eine Nektarquelle gefunden hat, kehrt sie in den Stock zurück und führt einen Schwänzeltanz auf. Damit teilt sie den anderen Bienen mit, wie weit die Nektarquelle entfernt ist und in welcher Richtung im Verhältnis zur Sonne sie sich befindet.

LEBENSWEISE

12 Bienen produzieren im Lauf ihres Lebens nur 1 Teelöffel Honig.

ARBEITERINNEN

Die meisten Bienen einer Kolonie sind Arbeiterinnen, die sich nicht fortpflanzen. Die jüngsten füttern die Larven. Wenn sie älter werden, reinigen und reparieren sie die Waben. Die ältesten Arbeiterinnen fliegen aus, um Nektar und Pollen zu sammeln. Diese junge Arbeiterin füttert ein junges Männchen (eine Drohne), das in einer Wabe herangewachsen ist.

WASSERSAMMLER
NEBELTRINKER-KÄFER

Dieser langbeinige Käfer hat eine einzigartige Methode, in der trockenen Namibwüste im Südwesten Afrikas zu überleben. Hier fällt niemals Regen, aber oft zieht ein dichter Nebel vom Atlantischen Ozean über die Wüste. Früh am Morgen klettert der Käfer auf eine Sanddüne. Mit seinen langen hinteren Beinen hebt er seinen Hinterleib an und wartet. Allmählich kondensieren Wassertröpfchen auf seinem Körper. Sie werden immer größer und tropfen schließlich in seinen Mund. So kann der Käfer das lebenswichtige Wasser trinken.

STECKBRIEF

- **GRÖSSE** 2 cm lang
- **LEBENSRAUM** Sanddünen in der Wüste
- **VERBREITUNG** Südwestliches Afrika
- **NAHRUNG** Samen und Pflanzenteile, die der Wind herbeiträgt

WIRKLICH ERSTAUNLICH!

ETWA 4 ARTEN

Mehrere Käferarten sammeln auf diese Weise Wasser. Alle kommen in der Namibwüste vor.

 AKTIVITÄT Der Käfer ist meist nachts unterwegs, wenn die Luft abkühlt.

 ABWEHR Manche der Käfer spritzen übel riechende Flüssigkeiten auf Angreifer.

 STRATEGIE Andere Arten schaufeln sich Sandgräben, in denen der Nebel kondensiert.

 LEBENSRAUM In der Namibwüste fällt jährlich nur etwa 10 mm Niederschlag.

HÖCHSTALTER DES KÄFERS
4 MONATE

WERTVOLLE TROPFEN
Eine Wachsschicht auf dem Außenskelett verhindert, dass der Käfer austrocknet. Sie ist wasserabweisend, sodass die Tröpfchen sich zu größeren vereinigen und zum Mund des Nebeltrinker-Käfers fließen.

JÄGERIN MIT TAUCHERGLOCKE
WASSERSPINNE

Spinnen können unter Wasser nicht atmen. Die Wasserspinne jedoch hat einen Trick: Sie transportiert eine Luftblase mit sich. So kann sie im Wasser jagen. Sie baut sich sogar ein Unterwasserheim. Dazu heftet sie unter Wasser ein glockenförmiges Netz an Wasserpflanzen. Dann holt sie Luft von der Oberfläche, mit der sie das Netz füllt. In die entstandene Luftblase dringt auch Sauerstoff aus dem Wasser der Umgebung. Hierhin zieht sich die Spinne zurück, um ihre Beute zu verzehren. Auch die Eier entwickeln sich in der Luftblase zu Jungspinnen.

STECKBRIEF

- **GRÖSSE** Bis zu 18 mm lang
- **LEBENSRAUM** Teiche, Seen, Sümpfe, langsam fließende Bäche
- **VERBREITUGN** Europa und Nordasien
- **NAHRUNG** Kleine Wassertiere

WIRKLICH ERSTAUNLICH!

ART Es gibt nur eine Wasserspinnenart, die weitverbreitet ist.

EIER Weibchen legen jährlich bis zu 6-mal 50–100 Eier.

JUNGSPINNEN Nach dem Schlupf bleiben die Spinnen 4 Wochen im Nest. Dann sind sie selbstständig.

TAUCHEN Um kalte Winter zu überstehen, tauchen die Spinnen tiefer ab.

ABWEHR Bei Bedrohung beißen Wasserspinnen schmerzhaft zu und spritzen Gift ein.

LEBENSERWARTUNG BIS ZU 2 JAHRE

LEBENSWEISE

UNTERWASSERLEBEN
Das Wasserspinnenmännchen ist größer als das Weibchen. Seine Luftblase ist aber kleiner, denn es verbringt weniger Zeit darin. Dieses Männchen verlässt gerade seine Luftblase, um sich mit einem Weibchen zu paaren.

RÄUBERISCHER NACHWUCHS
WIESENKNOPF-AMEISENBLÄULING

Manche Schmetterlinge sind nicht so harmlos, wie sie aussehen. Zwar trinken die Falter nur Nektar, ihre Raupen jedoch verschlingen andere Insekten – wie die Raupen der Ameisenbläulinge, die Ameisenlarven fressen. Die Raupen imitieren Duft und Verhalten von Ameisenlarven, damit sie von den Ameisen in das Nest der Kolonie getragen werden. Hier ernähren sie sich einige Monate lang von den hilflosen Ameisenlarven. Dann verpuppen sie sich und verwandeln sich zum Schmetterling.

Wenn der Falter die Flügel aneinanderlegt, sieht man die auffällig blauen Oberseiten nicht.

BEGINN DES LEBENS
Das Schmetterlingsweibchen legt seine Eier an einer Thymianpflanze ab. Die kleinen Raupen fressen 3 Wochen lang daran. Dann fallen sie auf den Boden und sondern eine zuckerhaltige Flüssigkeit ab. Diese lockt Ameisen an, die die Raupen in ihr Nest tragen.

Mit den gebänderten Fühlern nimmt der Bläuling Duftstoffe und Luftbewegungen wahr.

Mit seinen Komplexaugen hält der Falter nach Partnern Ausschau.

Um Nektar zu trinken, entrollt der Schmetterling seinen Saugrüssel.

STECKBRIEF

- **GRÖSSE** Flügelspanne bis zu 5 cm
- **LEBENSRAUM** Sonnige Hänge mit niedrigem Gras und wildem Thymian
- **VERBREITUNG** Europa und nördliches Asien
- **NAHRUNG** Die Raupen fressen Thymian und die Larven von Roten Waldameisen.

Winzige Schuppen verleihen dem Flügel seine Farben und sein Muster.

DER TRICK DER RAUPE

Die Raupe täuscht die Ameisen, indem sie sich wie eine Ameisenlarve verhält. Sie gibt außerdem einen Stoff ab, der dem Geruch von Ameisenlarven ähnelt, und macht sogar ähnliche Geräusche wie eine Ameisenkönigin. So trickst sie die Ameisen aus, die sie ahnungslos in ihr Nest tragen.

① TÄUSCHUNG
Wenn die Raupe mit ihren süßen Sekreten eine Ameise angelockt hat, verhält sie sich wie eine Ameisenlarve. Die Ameise wird getäuscht und transportiert die Raupe ins Nest der Kolonie.

② UNDANKBARER GAST
Ist die Raupe im Ameisennest, zeigt sie ihr wahres Wesen. Sie packt und verspeist die Ameisenlarven. Nach etwa 9 Monaten verpuppt sie sich. Aus der Puppe schlüpft ein Schmetterling, der das Nest umgehend verlässt.

Dieser Bläuling ist von einer einzigen Ameisenart abhängig.

Kurzes Leben

Diese kleinen Schmetterlinge sieht man meist in Gruppen. Selten entfernen sie sich weit von dem Ort, an dem sie als Raupe gelebt haben. Die Falter leben nur wenige Wochen, um sich zu paaren und Eier zu legen.

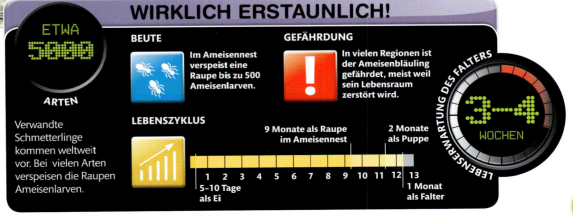

WIRKLICH ERSTAUNLICH!

ETWA 500 ARTEN
Verwandte Schmetterlinge kommen weltweit vor. Bei vielen Arten verspeisen die Raupen Ameisenlarven.

BEUTE
Im Ameisennest verspeist eine Raupe bis zu 500 Ameisenlarven.

GEFÄHRDUNG
In vielen Regionen ist der Ameisenbläuling gefährdet, meist weil sein Lebensraum zerstört wird.

LEBENSZYKLUS
1 2 3 4 5 6 7 8 9 10 11 12 13
5–10 Tage als Ei
9 Monate als Raupe im Ameisennest
2 Monate als Puppe
1 Monat als Falter

LEBENSERWARTUNG DES FALTERS: 3–4 WOCHEN

LEBENSWEISE

SEIDEN-PRODUZENT
SEIDENSPINNERRAUPE

Alle Tag- und Nachtfalter sind zu Beginn ihres Lebens gefräßige Raupen. Nach einiger Zeit verpuppen sich die Raupen und verwandeln sich in Falter. Oft hüllen sie sich dabei zum Schutz in einen Kokon aus Seide. Die Raupe des Seidenspinners spinnt so viel Seide, dass man sie in der Industrie zu Stoffen verarbeiten kann.

Kokon aus Seide
Der Seidenspinner wird für die Seidenherstellung gezüchtet. Seine Raupe hat kräftige Kiefer und frisst gierig. Sie wächst schnell und häutet sich 4-mal, bevor sie sich in einen Kokon einspinnt und verpuppt.

Gehirn

Fühler

Die Raupe hat kleine Augen, mit denen sie keine Einzelheiten wahrnehmen kann.

Die sechs Beine an der Brust tragen scharfe Krallen.

Spinndrüse

SEIDE PRODUZIEREN

Viele Insekten und Spinnen bilden Seide, aber die Seidenspinnerraupe produziert die längsten Fäden. In ihrem Körper befinden sich Seidendrüsen. Aus Spinndrüsen unter dem Mund gibt sie die Seide als dickflüssige, klebige Substanz ab. Sie verfestigt sich in der Luft zu zwei Seidenfäden, die miteinander verkleben.

WIRKLICH ERSTAUNLICH!

ETWA 150 ARTEN
Seidenspinner gehören zu einer Nachtfalterfamilie, deren Mitglieder vor allem in den Tropen heimisch sind.

EIER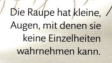
In 5 Tagen legt das Weibchen etwa 500 Eier. Dann stirbt es.

KOKONS
Es dauert 3 Tage, bis sich die Raupe in einen etwa 2000 m langen Seidenfaden eingesponnen hat.

RAUPEN
Die Raupen fressen unermüdlich Maulbeerblätter. Nach 35 Tagen sind sie ausgewachsen.

SEIDE
Etwa 1000 Seidenkokons sind nötig, um eine Seidenbluse mit kurzen Ärmeln herzustellen.

HÖCHSTALTER DER RAUPE: 45 TAGE

LEBENSZYKLUS

Seidenstoffe werden aus der Seide von gezüchteten Seidenspinnerraupen hergestellt. Diese Raupen bilden sehr viel Seide. Wenn eine Raupe aus ihrem Ei schlüpft, beginnt sie sofort, Maulbeerblätter zu verzehren. Wenn sie ausgewachsen ist, spinnt sie einen Kokon, in dem sie sich zum Falter verwandelt. Schließlich schlüpft der Falter und sucht sich einen Partner. Die Weibchen legen wieder Eier und der Zyklus beginnt von vorn.

Falter, Kokon, Raupe, Eier

STECKBRIEF

- **GRÖSSE** Die Raupe wird bis zu 7,5 cm lang.
- **LEBENSRAUM** Waldland
- **VERBREITUNG** Ostasien und Japan
- **NAHRUNG** Die Raupen fressen Blätter des Maulbeerbaums, die Falter nehmen keine Nahrung mehr auf.

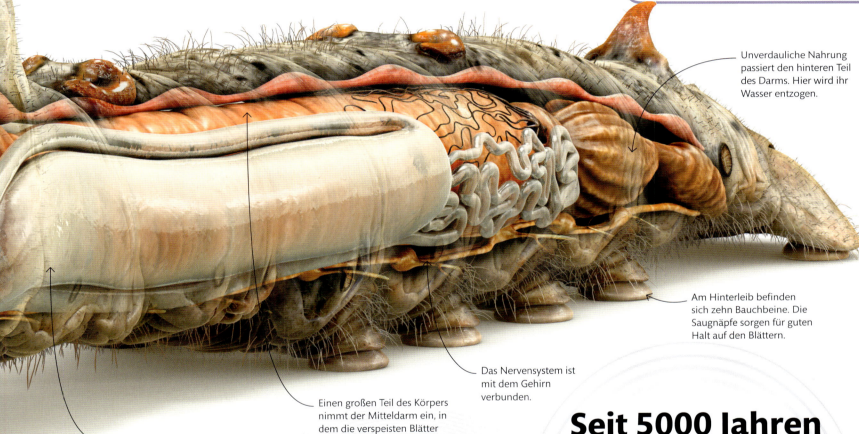

Unverdauliche Nahrung passiert den hinteren Teil des Darms. Hier wird ihr Wasser entzogen.

Am Hinterleib befinden sich zehn Bauchbeine. Die Saugnäpfe sorgen für guten Halt auf den Blättern.

Das Nervensystem ist mit dem Gehirn verbunden.

Einen großen Teil des Körpers nimmt der Mitteldarm ein, in dem die verspeisten Blätter verdaut werden.

In zwei großen Drüsen an den Körperseiten wird flüssige Seide gebildet.

SEIDENHERSTELLUNG

Die Seidenraupen werden mit zerkleinerten Maulbeerblättern gefüttert. Schließlich spinnen sie sich in einen Kokon ein. Die Seidenkokons weicht man in heißem Wasser ein. Danach kann die Seide abgelöst und auf eine Spule gewickelt werden. Ein einzelner Seidenfaden ist sehr fein. Bis zu acht Fäden werden miteinander zu einem versponnen, aus dem der Stoff gewebt wird.

Seit 5000 Jahren stellt man aus den Kokons der Seidenraupe Stoffe her.

LEBENSWEISE

AMEISENHEER
Südamerikanische Treiberameisen schwärmen bei der Jagd über den Waldboden. Sie greifen alle Tiere an, die ihnen begegnen. Eine Kolonie erbeutet täglich bis zu 500 000 Tiere. Die Arbeiterinnen hier werden von einem sehr großen Soldaten mit riesigen, gekrümmten Kiefern bewacht.

GEFRÄSSIGER SCHWARM
TREIBERAMEISEN

Alle Ameisen leben in Kolonien und die meisten haben ein festes Nest. Die Kolonien der tropischen Treiberameisen jedoch sind so groß, dass ihnen oft die Beute ausgeht. Dann müssen sie weiterziehen und ein neues Stück Wald besiedeln. Deshalb bauen sie keine festen Nester. Stattdessen bilden die Arbeiterinnen eine Art lebendiges Nest, wobei sie sich gegenseitig an den Beinen festhalten. Wenn die Königin Eier legt, bleibt das Biwak genannte Nest für einige Zeit an einer Stelle. Schlüpfen dann die Larven, geht die ganze Kolonie wieder auf Wanderschaft.

STECKBRIEF

- **GRÖSSE** Soldaten sind bis zu 12 mm lang, Arbeiterinnen sind kleiner.
- **LEBENSRAUM** Tropischer Regenwald
- **VERBREITUNG** Südamerika
- **NAHRUNG** Vor allem Insekten, Spinnen, Skorpione, manchmal Eidechsen und kleine Säugetiere

WIRKLICH ERSTAUNLICH!

MEHR ALS 200 ARTEN
Es gibt viele tropische Ameisenarten, die auf diese Weise jagen.

AKTIVITÄT Fortpflanzung und Wanderung finden in Zyklen von 35 Tagen statt.

| Tage | 5 | 10 | 15 | 20 | 25 | 30 | 35 |

Jede Nacht macht sich die Kolonie auf den Weg. Wenn die Königin Eier legt, wandert die Kolonie nicht weiter.

GESCHWINDIGKEIT Eine Kolonie bewegt sich in der Stunde etwa 20 m vorwärts.

SCHWARM Die Ameisenkolonne kann bis zu 100 m lang und 20 m breit sein.

LEBENSERWARTUNG MEHRERE MONATE

LEBENSWEISE

GESCHICKTE NESTBAUER
FELDWESPEN

Viele Tiere bauen komplizierte Nester, aber nur wenige fertigen so zarte, kunstvolle Gebilde an wie die Feldwespen. Aus zerkauten Holzfasern und Speichel stellen sie das Baumaterial her. Ein Nest besteht aus vielen Waben. In jede Wabe wird ein Ei gelegt, aus dem eine Larve schlüpft. Die Wespen füttern ihre Larven, bis sie sich verpuppen und in erwachsene Insekten verwandeln.

STECKBRIEF

- **GRÖSSE** Bis zu 22 mm lang
- **LEBENSRAUM** Wälder, Wiesen und Gärten
- **VERBREITUNG** Europa, Zentralamerika, Karibik und südliche USA
- **NAHRUNG** Insekten und Nektar

EINGESCHLOSSEN
Arbeiterinnen füttern die Larven mit zerkauten Insekten. Wenn die Larven ausgewachsen sind, spinnen sie Deckel aus Seide, um sich selbst in der Wabe einzuschließen. Sie verpuppen sich und verwandeln sich in erwachsene Wespen.

Die Königin legt in jede Wabe ein Ei.

Nestbau
Die Königin baut die ersten Waben des Nests. An einem schlanken Stiel hängen sie an einem Ast. Wenn die ersten Arbeiterinnen schlüpfen, vergrößern sie das Nest mit weiteren Waben, sodass die Königin noch mehr Eier legen kann. Außerdem sammeln sie Nahrung und verteidigen das Nest.

Die Wespenlarven leben in offenen Waben.

WIRKLICH ERSTAUNLICH!

ETWA 1100 ARTEN
Es gibt viele verwandte Wespenarten. Doch auch zahlreiche andere Wespen und Hornissen bauen Nester aus Papier.

LEBENSZYKLUS
EI	LARVE	PUPPE	ARBEITERIN
13 TAGE	24 TAGE	22 TAGE	38 TAGE

NEST Ein Nest besteht aus bis zu 500 Waben, in die die Königin die Eier legt.

ABWEHR Feldwespen stechen, wenn ihnen oder der Kolonie Gefahr droht.

HÖCHSTALTER DER KÖNIGIN 1 JAHR

Mit einem Stiel ist das Nest an einem Ast befestigt.

Die Nestoberseite ist schirmförmig, sodass Regenwasser abläuft und das Nest trocken bleibt.

Arbeiterinnen bewachen und verteidigen die Kolonie.

FUTTER FÜR DIE LARVEN

Die Arbeiterinnen versorgen die Kolonie mit Nahrung. Sie erbeuten Raupen und andere Insekten. In Sträuchern und Bäumen in der Nähe des Nests suchen sie nach Beutetieren, die sie töten und ins Nest transportieren. Dort zerkauen Arbeiterinnen die Beute, um die Larven in den Waben zu füttern.

Die Waben, in denen sich gerade Larven verpuppen, sind mit Seide verschlossen.

Feldwespen greifen jeden an, der ihr Nest bedroht, und stechen ihn.

RÄUBERISCHE INSEKTEN

Diese Wespen sind Jäger, die mit ihren Komplexaugen nach Beute Ausschau halten. Mit den Opfern füttern sie ihre Königin und die Larven. Sie töten mit ihrem Stachel und zerkleinern ihre Opfer mit den Kiefern. Erwachsene Wespen nehmen keine feste Nahrung auf, aber beim Füttern der Larven trinken sie Körperflüssigkeiten der Beute.

187

GRÖSSTE KOLONIE

AUFGABENTEILUNG
Arbeiterinnen tragen Blattstücke ins Nest, auf denen kleinere Arbeiterinnen sitzen. Sie wehren parasitische Fliegen ab, die die Trägerinnen bedrohen. Das Nest wird von den großen Soldaten verteidigt.

PILZFARM-BETREIBER
BLATTSCHNEIDERAMEISEN

In den tropischen Wäldern Zentralamerikas kann man auf vielen Bäumen Blattschneiderameisen beobachten. Mit den Kiefern schneiden die Insekten Blattstücke heraus und tragen sie in ihre unterirdischen Nester. Aber sie können die Blattstücke nicht verdauen. Stattdessen stellen sie aus ihnen eine Art Kompost her, auf dem sie Pilze züchten. Die Ameisen verspeisen diese Pilze und füttern auch ihre Königin und die Jungen mit ihnen. Das funktioniert so gut, dass manche Kolonien aus Millionen Ameisen bestehen. Einige Nester sind so groß wie ein Einfamilienhaus.

STECKBRIEF

- **GRÖSSE** Arbeiterinnen sind 2–14 mm lang, die Königin etwa 22 mm.
- **LEBENSRAUM** Tropische Wälder
- **VERBREITUNG** Vor allem Zentral- und Südamerika
- **NAHRUNG** Pflanzensaft und gezüchtete Pilze

WIRKLICH ERSTAUNLICH!

ETWA 47 ARTEN

Blattschneiderameisen leben nur in den amerikanischen Tropen und Subtropen.

HÖCHSTALTER DER KÖNIGIN 14 JAHRE

EIER Die Königin legt im Lauf ihres Lebens etwa 150 Millionen Eier.

KOLONIE In einem Nest leben bis zu 8 Millionen Blattschneider Ameisen.

NESTGRÖSSE Das Nest kann 30 m Durchmesser haben und 7 m tief in den Boden reichen.

STRATEGIE Die Ameisen hinterlassen Duftspuren, die den Rückweg ins Nest markieren.

LEBENSWEISE

BIBLISCHE PLAGE
WÜSTENHEUSCHRECKE

Kein Insekt richtet so gewaltige Schäden an wie die Wüstenheuschrecke. Manche Schwärme fressen ganze Felder innerhalb weniger Stunden kahl. Aber Wüstenheuschrecken verhalten sich nicht immer so. Oft verbringen sie ihr ganzes Leben als harmlose Einzelgänger. Nur wenn diese Insekten sich so schnell vermehren, dass ihre Nahrung knapp wird, sammeln sie sich zu Schwärmen.

Die Flügel sind länger als der Körper. Mit ihnen kann das Insekt weite Strecken fliegen.

Durch das Tracheensystem gelangt Sauerstoff zu den inneren Organen.

Darm

Malpighische Gefäße filtern Abfallstoffe aus dem Blut.

Die verdickten Ganglien des Nervensystems verarbeiten Signale.

Die kräftigen Muskeln in den langen Hinterbeinen kommen beim Sprung zum Einsatz.

Das große Fressen
Die Wüstenheuschrecke hat den gleichen Körperbau wie alle Heuschrecken. Sie besitzt lange Flügel und kräftige Hinterbeine, mit denen sie springt. Wie alle Heuschrecken ernährt sie sich von Pflanzen. Mit ihrem großen Verdauungssystem verarbeitet sie die zähe Pflanzennahrung.

WIRKLICH ERSTAUNLICH!

ETWA 12 SCHWÄRMENDE ARTEN

Eine kleine Gruppe von Heuschrecken ändert manchmal ihr Verhalten: Einzelgänger bilden auf einmal Schwärme.

ENTFERNUNG
Die Schwärme fliegen bis zu 130 km am Tag.
km — 50 — 100 — 150

EIER
Das Weibchen bohrt mit dem Hinterleib ein Loch in den Boden und legt eine Eikapsel mit bis zu 100 Eiern hinein.

NACHWUCHS
Die Larven häuten sich 5-mal, während sie heranwachsen.

LEBENSERWARTUNG 3–5 MONATE

STECKBRIEF

- **GRÖSSE** Bis zu 7,5 cm lang
- **LEBENSRAUM** Grasland und Wüsten
- **VERBREITUNG** Afrika, Naher Osten und südliches Asien
- **NAHRUNG** Blätter

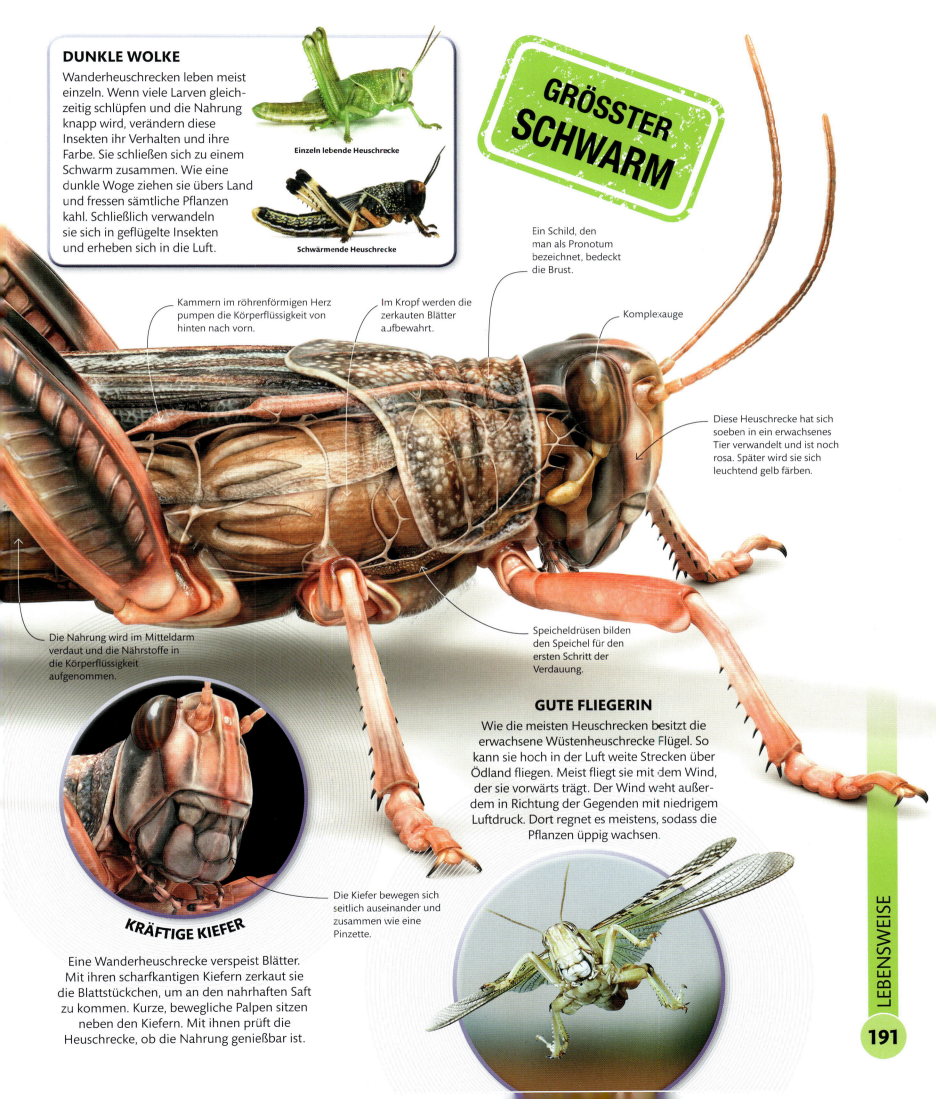

DUNKLE WOLKE

Wanderheuschrecken leben meist einzeln. Wenn viele Larven gleichzeitig schlüpfen und die Nahrung knapp wird, verändern diese Insekten ihr Verhalten und ihre Farbe. Sie schließen sich zu einem Schwarm zusammen. Wie eine dunkle Woge ziehen sie übers Land und fressen sämtliche Pflanzen kahl. Schließlich verwandeln sie sich in geflügelte Insekten und erheben sich in die Luft.

Einzeln lebende Heuschrecke

Schwärmende Heuschrecke

GRÖSSTER SCHWARM

Ein Schild, den man als Pronotum bezeichnet, bedeckt die Brust.

Kammern im röhrenförmigen Herz pumpen die Körperflüssigkeit von hinten nach vorn.

Im Kropf werden die zerkauten Blätter aufbewahrt.

Komplexauge

Diese Heuschrecke hat sich soeben in ein erwachsenes Tier verwandelt und ist noch rosa. Später wird sie sich leuchtend gelb färben.

Die Nahrung wird im Mitteldarm verdaut und die Nährstoffe in die Körperflüssigkeit aufgenommen.

Speicheldrüsen bilden den Speichel für den ersten Schritt der Verdauung.

GUTE FLIEGERIN

Wie die meisten Heuschrecken besitzt die erwachsene Wüstenheuschrecke Flügel. So kann sie hoch in der Luft weite Strecken über Ödland fliegen. Meist fliegt sie mit dem Wind, der sie vorwärts trägt. Der Wind weht außerdem in Richtung der Gegenden mit niedrigem Luftdruck. Dort regnet es meistens, sodass die Pflanzen üppig wachsen.

Die Kiefer bewegen sich seitlich auseinander und zusammen wie eine Pinzette.

KRÄFTIGE KIEFER

Eine Wanderheuschrecke verspeist Blätter. Mit ihren scharfkantigen Kiefern zerkaut sie die Blattstückchen, um an den nahrhaften Saft zu kommen. Kurze, bewegliche Palpen sitzen neben den Kiefern. Mit ihnen prüft die Heuschrecke, ob die Nahrung genießbar ist.

LEBENSWEISE

191

FRESSMASCHINEN

Wüstenheuschrecken schließen sich selten zu Schwärmen zusammen, aber wenn es geschieht, hat das oft verheerende Folgen. Ein einziger Schwarm kann aus Milliarden hungriger Insekten bestehen. Wenn sie auf einen Baum einfallen, ist der bald kahl gefressen. Auch Felder mit Nutzpflanzen werden vernichtet. In Afrika fallen manchmal ganze Ernten Heuschreckenschwärmen zum Opfer. Das kann zu schlimmen Hungersnöten führen.

Ein Schwarm kann aus bis zu 40 Milliarden Heuschrecken bestehen.

ERSTER AUSFLUG
Diese winzigen Wolfspinnen sind gerade erst geschlüpft. Sie klettern aus dem Eikokon auf den Rücken ihrer Mutter. Dort bleiben sie, bis sie sich ein zweites Mal gehäutet haben. Dann sind sie selbstständig.

GUTE MUTTER
WOLFSPINNE

Wolfspinnen jagen am Boden und setzen dabei ihre Augen ein. Auch bei der Balz sind die Augen wichtig, denn das Männchen versucht ein Weibchen anzulocken, indem es ihm mit seinen großen, pelzigen Palpen Signale gibt. Wenn es erfolgreich ist, paaren sich die Spinnen. Das Weibchen trägt später seine Eier in einem Seidenkokon mit sich herum, der an den Spinndrüsen am Hinterleib befestigt ist. Auch wenn die Babyspinnen schlüpfen, trägt es sie weiter auf dem Rücken, bis sie selbst jagen können.

STECKBRIEF

- **GRÖSSE** Etwa 8 mm lang
- **LEBENSRAUM** Wiesen, Wälder und felsiger Untergrund
- **VERBREITUNG** Weltweit
- **NAHRUNG** Insekten

WIRKLICH ERSTAUNLICH!

ETWA 500 ARTEN

Wolfspinnen jagen in vielen Lebensräumen weltweit am Boden.

EIER
Weibchen mit Eikokons sonnen sich, damit sich die Eier schneller entwickeln.

AKTIVITÄT
Die meisten jagen nachts. Manche lauern ihrer Beute auf und springen sie dann an.

VERHALTEN
Wenn man einem Weibchen den Eikokon wegnimmt, sucht es ihn rastlos.

ABWEHR
Die Spinnen sind gut getarnt, können aber auch schmerzhaft zubeißen.

LEBENSERWARTUNG 2–3 JAHRE

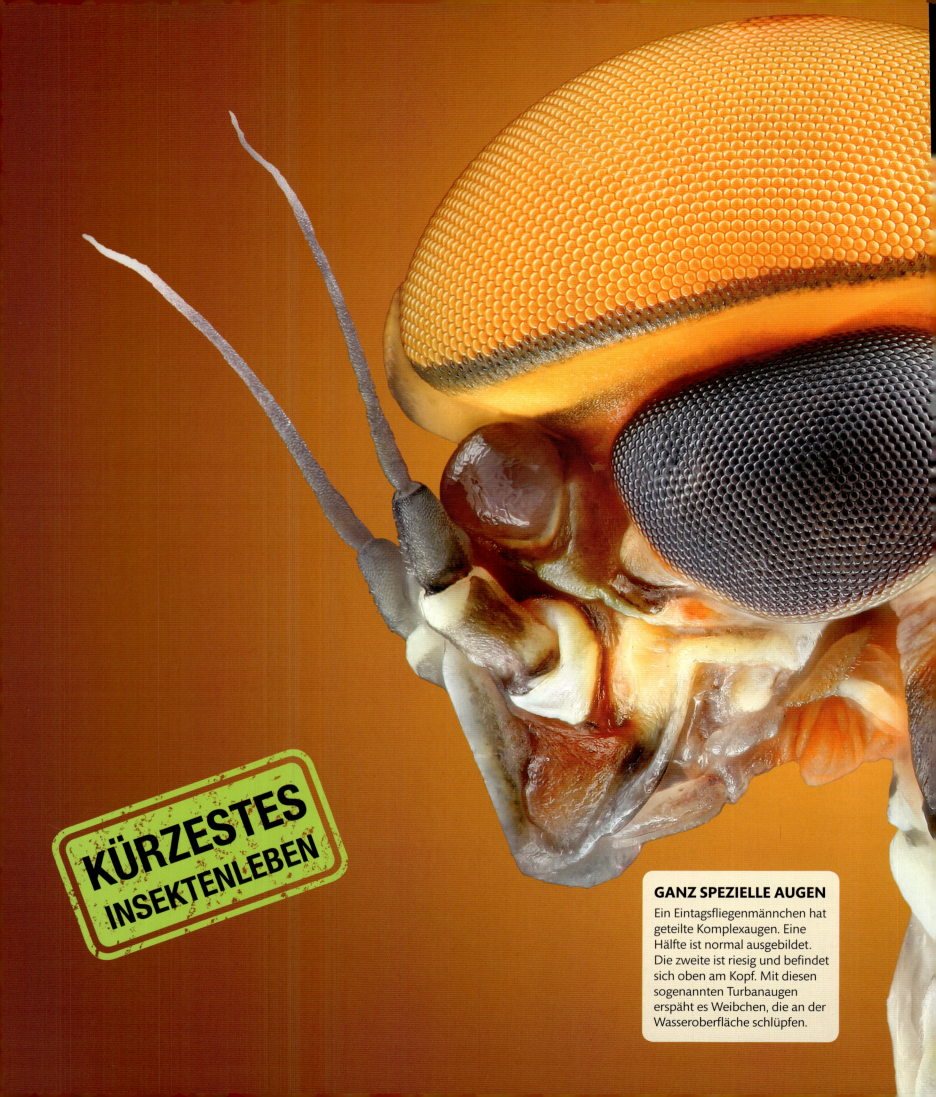

KÜRZESTES INSEKTENLEBEN

GANZ SPEZIELLE AUGEN

Ein Eintagsfliegenmännchen hat geteilte Komplexaugen. Eine Hälfte ist normal ausgebildet. Die zweite ist riesig und befindet sich oben am Kopf. Mit diesen sogenannten Turbanaugen erspäht es Weibchen, die an der Wasseroberfläche schlüpfen.

NUR EIN PAAR STUNDEN
EINTAGSFLIEGE

Eintagsfliegen dürfen keine Zeit verlieren. Meist leben sie als erwachsene Tiere nur ein paar Stunden und wenige werden älter als einen Tag. Das Stadium mit voll ausgebildeten Flügeln ist das letzte kurze Kapitel ihres Lebens. Viel länger leben sie als flügellose Larven im Wasser. Hier verbringen sie oft Jahre und verspeisen Wasserpflanzen. Schließlich verwandeln sie sich in geflügelte Insekten, die keine Nahrung mehr aufnehmen können. Ihre einzige Aufgabe ist es, sich zu paaren und Eier zu legen. Das dauert ein paar Stunden, danach sterben sie.

STECKBRIEF

- **GRÖSSE** Vom Kopf bis zum Ende der Schwanzanhänge bis zu 12 cm
- **LEBENSRAUM** Seen, Flüsse und andere Süßgewässer
- **VERBREITUNG** Weltweit außer in der Antarktis
- **NAHRUNG** Erwachsene Tiere fressen nichts, die Larven vor allem Wasserpflanzen.

WIRKLICH ERSTAUNLICH!

ETWA 3000 ARTEN

Eintagsfliegen gab es schon vor 300 Millionen Jahren. Sie sind sehr ursprüngliche Insekten.

REKORD Vor 300 Millionen Jahren gab es Eintagsfliegen mit einer Flügelspannweite von 45 cm.

EIER Im kurzen Leben legt das Weibchen etwa 3000 Eier ins Wasser ab.

ABWEHR Oft sind Fressfeinde von der großen Anzahl gleichzeitig schlüpfender Fliegen verwirrt.

HÖCHSTALTER DER FLIEGE: 2 TAGE

LEBENSWEISE

GUTES TIMING
PERIODISCHE ZIKADE

Viele Insekten verbringen die meiste Zeit ihres Lebens als Larven in der Erde. Einige Arten der Periodischen Zikade entwickeln sich ganze 17 Jahre lang unter der Erde. Dann erscheinen sie als geflügelte Insekten an der Oberfläche und leben nur noch wenige Wochen. Es ist ein faszinierendes Schauspiel, wenn Zikaden massenhaft gleichzeitig erscheinen. Bald jedoch ist der Spuk für die nächsten 17 Jahre wieder vorüber.

Große Muskeln in der Brust bewegen die Flügel.

Der Körper ist gedrungen.

Die Komplexaugen sind weit voneinander entfernt und sorgen für ein großes Blickfeld.

STECKBRIEF

- **GRÖSSE** Etwa 3 cm lang
- **LEBENSRAUM** Laubwälder
- **VERBREITUNG** Osten der USA
- **NAHRUNG** Baumsäfte

Mit ihren kräftigen Beinen klettert die Zikade.

Das Insekt saugt mit seinen Mundwerkzeugen zuckerhaltige Pflanzensäfte.

WIRKLICH ERSTAUNLICH!

7
ARTEN
Periodische Zikaden leben nur in den USA, aber Zikaden, die jedes Jahr erscheinen, kommen in warmen Regionen auf der ganzen Welt vor.

TEMPERATUR
Die Larven kommen bei einer Bodentemperatur von etwa 17 °C aus dem Untergrund.

EIER
Jedes Weibchen legt etwa 500 Eier ab, bevor sie stirbt.

AUFTRETEN
Bis zu 370 Zikaden erscheinen gleichzeitig auf einer Fläche von 1 Quadratmeter.

GERÄUSCH
Der Gesang dieser Zikaden ist lauter als ein schnell fahrendes Motorrad (100 dB).

ENTWICKLUNGSZEIT DER LARVEN: BIS ZU 17 JAHRE

Massenphänomen

In Nordamerika kommt es in manchen Jahren vor, dass an einem einzigen Tag im Frühjahr Milliarden Zikaden erscheinen. Sie schwärmen in die Bäume, paaren sich dort und legen Eier. Dann sterben sie. Dieses Massenauftreten stellt sicher, dass viele Insekten lang genug leben, um sich fortzupflanzen, denn Räuber können nicht alle Zikaden erbeuten.

Resonanzhohlraum

Muskel versetzt Schallplatte in Schwingung.

Schallplatte

ZIKADENGESÄNGE

Zikadenmännchen besitzen Trommelorgane, mit denen sie singen. Sie befinden sich auf beiden Seiten des Körpers. Muskeln versetzen sogenannte Schallplatten in Schwingung. Dabei entsteht eine schnelle Folge von Lauten, die sich wie ein lautes Zirpen anhört. Es lockt Zikadenweibchen an, die sich mit den Männchen paaren.

Kräftige Adern versteifen die langen vorderen Flügel. Ihre Oberfläche ist mit Wasser abweisendem Wachs überzogen.

Mit den scharfen Krallen hält sich die Zikade an der Baumrinde fest.

Der Gesang der Zikaden gehört zu den lautesten Geräuschen, die Insekten produzieren.

WIE EIN UHRWERK

Manche Periodischen Zikaden entwickeln sich 17 Jahre unter der Erde, andere 13 Jahre. Schließlich erscheinen die Zikaden an der Erdoberfläche und klettern auf Bäume. Die Männchen singen, um Weibchen anzulocken. Nach der Paarung legen die Weibchen Eier auf den Bäumen ab. Wenn die Larven schlüpfen, lassen sie sich fallen und vergraben sich in der Erde, wo sie die nächsten 13 oder 17 Jahre verbringen.

LARVE IM BODEN
Die Zikadenlarve verbringt ihr langes Leben im Erdboden, wo sie an Baumwurzeln Saft saugt. Wenn ihre Zeit gekommen ist, erscheint sie an der Oberfläche.

LETZTE HÄUTUNG
Die dunklen Larven klettern auf einen Baum oder Strauch, um sich ein letztes Mal zu häuten. Unter der alten Haut kommen nun die Flügel zum Vorschein.

ZIKADE MIT FLÜGELN
Der Körper der Zikade ist noch weich und das Außenskelett blass. Es härtet aber bald aus und färbt sich dunkel. Das Insekt entfaltet nun seine Flügel.

LEBENSWEISE

LETZTE HÄUTUNG

Die Zikadenlarve klettert auf einen Baum, um sich ein letztes Mal zu häuten. Die erwachsene Zikade sieht ähnlich aus, ist aber noch sehr blass. Allmählich färbt sie sich dunkler. Anders als die Larve hat sie vollständig ausgebildete Flügel, die zunächst noch klein und zerknautscht sind. Um sie zu entfalten, pumpt die Zikade Körperflüssigkeit hinein.

FÜRSORGLICHE ELTERN
RIESENWANZE

Die meisten Insekten machen sich aus dem Staub, sobald sie ihre Eier abgelegt haben. Manche Riesenwanzen verhalten sich anders: Das Weibchen heftet die Eier sorgfältig auf den Rücken des Männchens. Dieses trägt sie mit sich herum und schützt sie, bis die Larven schlüpfen. Die Wanzen sind Jäger, die Insekten, Frösche und Fische angreifen. Mit ihren kräftigen Vorderbeinen packen sie das Opfer, um ihm mit den Mundwerkzeugen ihren Speichel einzuspritzen und es anschließend auszusaugen.

STECKBRIEF

- **GRÖSSE** Bis zu 10 cm lang
- **LEBENSRAUM** Seen, Flüsse und andere Süßgewässer
- **VERBREITUNG** Nord- und Südamerika, Afrika, Australien, Indien und Südostasien
- **NAHRUNG** Alle möglichen Tiere, die im Süßwasser leben

WIRKLICH ERSTAUNLICH!

ETWA 160 ARTEN
Riesenwanzen leben vor allem in wärmeren Regionen, einige sind bis nach Kanada verbreitet.

EIER Das Weibchen legt 100 oder mehr Eier auf einmal ab.

ABWEHR Bei Bedrohung beißt die Wanze zu oder stellt sich tot.

LICHT Diese Wanzen werden nachts von elektrischem Licht angelockt.

NAHRUNG In einigen Regionen Südostasiens gelten diese Insekten als Delikatesse.

LEBENSERWARTUNG BIS ZU 1 JAHR

LARVENENTWICKLUNG
Nachdem das Männchen die Eier 2 Wochen lang auf seinem Rücken mit sich herumgetragen hat, beginnen die Larven zu schlüpfen. Hier ist eine bereits eifrig dabei, sich aus ihrer Eihülle zu befreien.

GLOSSAR

AAS
Überreste toter Tiere, die vielen anderen Tieren Nahrung bieten.

ARBEITER
In den Kolonien sozialer Insekten, wie Bienen, Wespen, Ameisen und Termiten, leben viele Arbeiter oder Arbeiterinnen. Sie übernehmen spezielle Aufgaben, z. B. Nahrung sammeln oder das Nest bauen.

ART
Eine Gruppe von Tieren, deren Mitglieder ähnlich aussehen. Artgenossen können sich miteinander paaren und gemeinsam Junge bekommen. Mitglieder verschiedener Arten können sich in der Natur nicht untereinander fortpflanzen.

AUSSENSKELETT
Gliederfüßer, wie Insekten, Krebse und Spinnen, besitzen ein robustes Außenskelett, das ihren Körper schützt und stützt.

BALZ
Ein Verhalten, mit dem die Aufmerksamkeit eines Partners erregt wird, wie z. B. das Präsentieren bunter Flügel oder eines anderen auffälligen Körperteils.

BEFRUCHTUNG
Männliche Samenzellen befruchten weibliche Eizellen. Danach können sich Pflanzensamen oder Tierkinder entwickeln. Viele Insekten spielen eine wichtige Rolle bei der Befruchtung von Pflanzen. Sie transportieren Blütenpollen, der die männlichen Zellen enthält, zu den weiblichen Eizellen einer anderen Blüte. Man nennt dies Bestäubung. Erst dann bilden sich Früchte mit Samen.

BESTÄUBUNG
Wenn Blütenpollen zu den weiblichen Zellen einer anderen Blüte transportiert wird, wird sie bestäubt. Viele Insekten sind wichtige Blütenbestäuber.

BETÄUBUNGSMITTEL
Ein chemischer Stoff, der Schmerzen unterdrückt. Manche Insekten spritzen ein Betäubungsmittel ein, wenn sie ihr Opfer stechen, sodass es nicht bemerkt, dass sie Blut saugen.

BEUTE
Ein Tier, das von anderen Tieren gejagt, getötet und verspeist wird.

BRUST
Der mittlere Körperabschnitt eines Insekts, an dem seine Beine und Flügel ansetzen.

CHITIN
Der Stoff, aus dem das Außenskelett eines Gliederfüßers besteht.

DECKFLÜGEL
Bei den meisten Käfern ist das vordere Flügelpaar zu Deckflügeln umgebildet. Sie schützen die zarten hinteren Flügel, mit denen sich diese Insekten in der Luft Antrieb verschaffen.

DRÜSE
Ein kleines Organ im Körper, das chemische Stoffe wie Hormone, Speichel oder Seide bildet.

ENZYM
Diese winzigen chemischen Stoffe beschleunigen chemische Reaktionen. Enzyme, die im Speichel vieler Insekten vorhanden sind, lösen z. B. deren Nahrung auf.

FOSSIL
Überreste eines Lebewesens, die im Lauf von Jahrmillionen versteinert sind.

FÜHLER
Ein Paar langer, beweglicher Sinnesorgane. Viele wirbellose Tiere nehmen mit ihren Fühlern Bewegungen und Duftstoffe in der Luft wahr.

GEWEBE
Bei Tieren und Pflanzen bilden Verbände aus bestimmten Zellen Muskel- oder Hautgewebe.

GIFT
Viele Tiere können mit einem Stachel, Zähnen oder Kieferklauen Gift einspritzen, um ihre Opfer zu lähmen oder zu töten. Manche nutzen es auch, um sich zu verteidigen.

GLIEDERFÜSSER
Eine Gruppe von Tieren, die ein Außenskelett und gegliederte Beine besitzen. Sie haben weder eine Wirbelsäule noch ein Skelett aus Knochen. Insekten, Spinnen und Krebstiere gehören zu den Gliederfüßern.

HÄUTUNG
Gliederfüßer werfen mehrere Male ihr Außenskelett ab, wenn sie wachsen, und ersetzen es durch ein neues. Das neue Außenskelett ist zunächst weich und härtet dann aus.

HINTERLEIB
Der hintere Körperabschnitt eines Insekts oder einer Spinne, in dem sich u. a. ein großer Teil des Darms befindet.

HONIGTAU
Manche Insekten, wie Blattläuse, saugen zuckerhaltigen Pflanzensaft und sondern dabei diese süße, klebrige Flüssigkeit ab.

INSEKTEN
Diese artenreichste Gruppe der Gliederfüßer besitzt ein Außenskelett. Sie haben drei Beinpaare und meist zwei Flügelpaare.

KIEFERKLAUEN
Spitze, hohle Mundwerkzeuge, mit denen Spinnen und andere Gliederfüßer Gift einspritzen, um ihre Beute zu töten oder zu lähmen.

KOKON
Manche Spinnen und Insekten weben Kokons aus Seide, die ihre Puppe oder ihre Eier schützen.

KOLONIE
Eine Gruppe von Tieren, die gemeinsam leben. Ameisen und Honigbienen leben z. B. in großen Kolonien.

KOMPLEXAUGEN
Die Augen erwachsener Insekten und einiger anderer Tiere, die aus Hunderten einzelner Linsenaugen zusammengesetzt sind.

KÖNIGIN
In manchen Kolonien sozialer Insekten, wie in den Staaten von Honigbienen oder Ameisen, legt nur die Königin die Eier. Sie ist größer als die anderen Koloniemitglieder und lebt länger.

KROPF
Ein Teil des Verdauungssystems, in dem Nahrung gespeichert wird, nachdem sie aufgenommen wurde.

LARVE
Das Jugendstadium eines Insekts oder eines anderen wirbellosen Tiers. Viele Larven sehen ganz anders aus als ihre Eltern. Raupen sind z. B. die Larven der Schmetterlinge, Maden die Larven der Fliegen.

LEBENSRAUM
Der Lebensraum stellt einem Tier alles bereit, was es zum Überleben braucht, z. B. Nahrung, Wasser, Rückzugsmöglichkeiten und Orte, wo es seine Jungen großziehen kann.

LEBENSZYKLUS
Die verschiedenen Stadien, die ein Tier durchläuft, bis es sich selbst fortpflanzen kann.

LEGERÖHRE
Manche Insektenweibchen besitzen einen röhrenförmigen Fortsatz am Hinterleib, mit dem sie ihre Eier ablegen.

MADE
So bezeichnet man die beinlose Larve einer Fliege.

MALPIGHISCHE GEFÄSSE
Diese kleinen Organe filtern Abfallstoffe aus der Körperflüssigkeit von Gliederfüßern.

MIKROBE
Ein winziges Lebewesen, wie eine Bakterie oder ein Einzeller, das man nur unter dem Mikroskop erkennen kann.

MIMIKRY
Überlebensstrategie von Tieren, die in Gestalt oder Farbe ein wehrhaftes oder ungenießbares Tier nachahmen.

MOLEKÜL
Ein winziges chemisches Teilchen, das aus einer bestimmten Anzahl von Atomen besteht.

MYRIAPODEN
Zu diesen Gliederfüßern gehören die Hundert- und Tausendfüßer. Diese haben mehr als neun Beinpaare.

NACHTAKTIV
Viele Tiere, wie Nachtfalter, Schaben, Leuchtkäfer und viele Spinnen, sind in der Nacht unterwegs und suchen dann Nahrung. Tagsüber ruhen sie.

NÄHRSTOFFE
Stoffe aus der Nahrung, die Lebewesen brauchen, um Energie zu gewinnen und wachsen zu können.

NEKTAR
Diese zuckerhaltige Flüssigkeit bilden Blüten, um Insekten anzulocken.

PALPEN
Kurze Körperanhänge in der Nähe des Munds, die beim Verspeisen der Nahrung eingesetzt werden.

PARASIT
Ein Lebewesen, das auf oder im Körper eines anderen Lebewesens lebt und sich von ihm ernährt.

PHEROMON
Ein spezieller Geruchsstoff, der anderen Tieren Botschaften übermittelt. Pheromone werden eingesetzt, um Partner anzulocken oder ein Revier oder eine Fährte zu markieren.

POLLEN
Winzige Körner in den Blüten, die männliche Zellen enthalten. Wenn diese die weiblichen Zellen einer anderen Blüte befruchten, bilden sich Früchte mit Samen.

PUNKTAUGEN
Einfache Augen, mit denen viele erwachsene Insekten hell und dunkel unterscheiden können.

PUPPE
Das Stadium im Lebenszyklus einiger Insekten, in dem sich eine Larve (z. B. eine Schmetterlingsraupe) in ein erwachsenes Tier (z. B. einen Schmetterling) verwandelt.

RÄUBER
Ein Tier, das andere Tiere tötet, um sich von ihnen zu ernähren.

RAUPE
Die Larve eines Schmetterlings. Raupen haben keine Flügel und einen weichen, wurmähnlichen Körper.

REGENWALD
Ein Wald in einer warmen Region der Erde, in dem während des ganzen Jahres viel Regen fällt.

SCHWINGKÖLBCHEN
Bei Fliegen und Mücken ist das hintere Flügelpaar zu kleinen, kolbenförmigen Strukturen umgebildet. Die Schwingkölbchen schlagen gemeinsam mit den Flügeln. So kann das Insekt im Flug perfekt steuern.

SEIDE
Dieses sehr robuste, aber elastische Material bilden Spinnen, um daraus ihre Netze zu weben. Manche Insekten spinnen aus Seide Kokons, in denen sie sich verpuppen.

SPEICHEL
Diese Flüssigkeit wird von den Speicheldrüsen gebildet und trägt zur Verdauung der Nahrung bei.

SPINNDRÜSE
Eine Drüse im Körper eines Gliederfüßers, in der Seide gebildet wird. Spinnen besitzen mehrere Spinndrüsen.

SPINNENTIER
Spinnen, Skorpione, Zecken und andere wirbellose Tiere gehören zu dieser Gruppe. Spinnentiere besitzen Kieferklauen und vier Beinpaare.

STIGMEN
Durch diese Öffnungen im Außenskelett nimmt ein Insekt bei der Atmung sauerstoffhaltige Luft auf und gibt Kohlenstoffdioxid ab.

SUBTROPEN
In diesen Zonen der Erde ist es nicht so heiß und feucht wie in den Tropen, aber wärmer als in den gemäßigten Zonen.

TARNUNG
Bestimmte Farben oder eine Gestalt, mit der ein Tier in seinem Lebensraum kaum zu sehen ist. Die Tarnung schützt vor Fressfeinden. Jäger im Tarnkleid können sich außerdem unbemerkt an ihre Opfer heranschleichen. Einige Insekten sehen wie die Blätter, Blüten oder Zweige aus, auf denen sie leben.

TRACHEENSYSTEM
Ein Netzwerk aus winzigen Röhren, das den Insektenkörper durchzieht. Es transportiert sauerstoffhaltige Luft für die Atmung zu den Muskeln und Organen.

TROPEN
Die Regionen nahe des Äquators, in denen das Klima sehr heiß und feucht ist.

WANDERUNG
Viele Tierpopulationen wandern regelmäßig zu bestimmten Jahreszeiten von einem Gebiet in ein anderes. Gründe dafür sind wärmeres Wetter, mehr Nahrung oder bessere Bedingungen, um Junge großzuziehen.

WIRBELLOSE
Tiere, die keine Wirbelsäule und kein Innenskelett aus Knochen besitzt.

Abkürzungen in diesem Buch:	
/	pro – km/h bedeutet z. B. Kilometer pro Stunde
°C	Grad Celsius
cm	Zentimeter
dB	Dezibel
g	Gramm
kg	Kilogramm
km	Kilometer
m	Meter
min	Minute
mm	Millimeter
s	Sekunde

REGISTER

A

Abwehr 42, 94, 168, 176, 184, 195, 202
   Drohverhalten 59, 114, 115, 146
   Farben und Muster 22, 27, 47, 125, 142
   Geräusche 30, 150
   Giftigkeit 32, 36, 55
   Haare 27, 124
   Panzer 9, 12, 20, 22, 48, 70, 152, 156
   Sprühen 20, 21, 59, 133, 167, 174
   übler Geruch 22, 26, 42, 64, 150
Ameisen 167, 168, 178, 179
   Blattschneider- 188–189
   Honigtopf- 44–45
   Schnappkiefer- 134–135
   Treiber- 182–183
Anophelesmücken 148–149
Arbeiter/Arbeiterinnen 44, 45, 94, 95, 164, 165, 167, 170, 171, 173, 183, 184, 185, 188, 189
Asseln 10
Atmung 53, 132, 137, 145, 149, 176
Augen 8, 9, 29, 36, 56, 57, 79, 81, 83, 86, 91, 104, 109, 114, 126, 127, 131, 132, 136, 157, 171, 178, 180, 187, 196, 198
Außenskelette 7, 8, 16, 17, 53, 106, 156

B

Bärtierchen 92–93
Beine
   Hundertfüßer 52, 86, 87
   Insekten 9, 13, 34, 41, 49, 63, 71, 77, 96, 109, 116, 126, 127, 132, 133, 156, 160, 171, 198, 202
   Spinnentiere 6, 25, 29, 58, 80, 81, 98, 122, 146, 149
   Stummelfüßer 106, 107
Betäubungsmittel 145, 150
Bienen 94–95, 117, 157, 170–173
Blattläuse, Erbsen- 168–169
Blattschneiderameisen 188–189
Blüten 32, 68, 69, 79, 85, 95, 122, 171
Blütenbestäuber 7, 68, 79, 95, 170
Buckelzirpen 7

C, D

Chitin 8, 9, 12, 20, 48, 107, 132, 156
Deckflügel 12, 20, 37, 49, 64, 133

E

Eier 21, 52, 87, 92, 93, 106, 144
   Insekten 7, 13, 16, 30, 32, 34, 41, 45, 47, 49, 57, 60, 62, 67, 75, 77, 79, 85, 114, 120, 124, 140, 146, 148, 150, 152, 153, 158, 161, 164, 178, 180, 189, 190, 197, 198, 199, 202, 203
   Spinnentiere 59, 98, 99, 104, 122, 125, 131, 144, 146, 176, 195
Eintagsfliegen 196–197
Evolution 7, 21, 41, 107, 167

F

Farben 7, 26, 63, 70, 78, 80, 156, 157
   glänzende 26, 70
   schillernde 26, 33, 63, 88, 156
   Warntracht 22, 27, 125, 142
   wechseln 41, 122, 191
Feldwespen 184–187
Fliegen 56–57, 78–79, 109, 140–141, 188
fliegende Insekten 12, 51, 55, 66–67, 69, 75, 78, 79, 85, 94, 97, 126, 129, 132, 140, 148, 191
Flöhe 77
Flügel 6, 12, 17, 26, 32, 51, 55, 60, 66, 77, 78, 85, 94, 129, 170, 171, 191, 197, 199, 201
Fluoreszenz 137
Fortpflanzung 98, 144, 146, 153, 168, 183, 196, 199
   Partner anlocken 33, 47, 48, 49, 57, 63, 80, 115, 195
Fossilien 6, 29
Fühler 12, 13, 27, 36, 46, 47, 48, 52, 60, 64, 79, 86, 88, 106, 107, 120, 127, 132, 148, 153, 157, 159, 171
Füße 9, 34, 63, 99, 140, 168

G

gefährdete Arten 26, 30, 32, 70, 179
Gehirn 9, 98, 136, 137
Geißelskorpione 58–59
Geruch 9, 21, 27, 29, 33, 47, 48, 144, 158, 189
Geschmack 32, 36, 55, 132, 140, 191
Geschwindigkeit 21, 35, 55, 79, 87, 89, 98, 119, 126, 140, 183
Gewicht 25, 30, 45, 48, 49, 152, 165
Gift 8, 10, 11, 15, 24, 53, 80, 86, 98, 100, 105, 109, 116, 118, 123, 124, 131, 137, 142, 143, 146, 147, 176, 187
Gliederfüßer 8, 9, 10–11, 16
Glühwürmchen 36
Gottesanbeterinnen 114–115
graben 12, 21, 23, 25, 49, 59, 60, 63, 71, 97, 119, 137, 146, 157, 160, 161, 199
Grillen 30–31, 96–97, 111

H

Haare 15, 24, 27, 34, 63, 66, 99, 133, 143, 170
Häutung 16–17, 30, 34, 132, 152, 199
Herz 8, 99
Heuschrecken 13, 111, 190–191
Honig 170, 171, 173
Hörner 48, 49, 51, 142
Hundertfüßer 10, 52–53, 86–87

I

Insekten 6, 7, 8–9, 10, 11, 12, 13, 16–17, 53, 78, 79, 142, 168, 170, 180, 202
   flache 64–65
   gefährliche 149
   große 48–49
   kurzlebige 196
   lange 42
   schnelle 88–89
   schwere 30
   urzeitliche 6, 197
   winzige 66–67
   siehe auch Ameisen, Bienen, Blattläuse, Eintagsfliegen, Fliegen, Gottesanbeterinnen, Heuschrecken, Käfer, Mücken, Nachtfalter, Rüsselkäfer, Schaben, Schmetterlinge, Termiten, Wespen, wirbellose Tiere

J

Jäger 15, 25, 52, 81, 86, 89, 91, 104, 106, 109, 122, 126, 129, 132, 137, 183, 185, 187, 195, 202

K

Käfer
   Blatthorn- 70–71
   Bombardier- 20–21
   Gelbrand- 132–133
   Gespenstlauf- 64–65
   Goliath- 48, 49
   Herkules- 48–51
   Leucht- 36–39
   Mai- 12–13
   Mist- 160–161
   Nebeltrinker- 174–175
   Platt- 162–163
   Riesenbock- 48, 49
   Rüssel- 7, 62–63
   Sandlauf- 88–91
   Totengräber- 158–159
Kiefer 8, 9, 24, 52, 98, 118, 123, 131, 133, 146, 147
   Insekten 9, 31, 36, 43, 64, 91, 114, 123, 126, 132, 134, 135, 142, 180, 182, 187, 189, 191
   Spinnentiere 29, 145
Kolonien 29, 39, 44, 45, 94, 135, 164–165, 167, 170, 171, 173, 178, 179, 183, 185, 188–189
Kommunikation 30, 49, 97, 150, 198, 199
Königin 44, 46, 94, 164, 165, 170, 171, 179, 183, 184, 187, 189

Krallen 9, 34, 59, 63, 86, 93, 99, 107, 115, 180, 199
Krankheiten 7, 11, 140, 144, 148, 149, 150
Krebstiere 10

L

Larven 13, 16, 17, 36, 49, 63, 64, 77, 78, 79, 144, 153, 156, 157, 158, 161, 163, 173, 179, 180, 183, 184, 197, 198, 199, 201
Lebensräume
  Erdboden 45, 52, 94, 97, 198
  Feuchtgebiete 37, 57, 106, 176
  Gärten 78, 85, 94, 104, 142, 146, 168, 170, 184
  Gebüsche 29, 59, 98, 104
  Grasland 45, 59, 125, 136, 165, 191
  Häuser 86, 99, 131, 150, 152
  Höhlen 52, 87, 99, 153
  Moore 144
  Regenwälder 25, 26, 32, 49, 55, 63, 64, 70, 115, 183, 189
  Waldland 21, 29, 30, 37, 41, 42, 52, 60, 62, 69, 75, 78, 85, 94, 104, 106, 120, 131, 135, 136, 142, 144, 146, 150, 153, 158, 163, 168, 170, 184, 189, 195, 198
  Wasser 15, 67, 34, 126, 132-133, 149, 176, 197, 202
  Wiesen 21, 29, 37, 75, 78, 85, 94, 97, 142, 144, 150, 158, 160, 168, 170, 184, 195
  Wüsten 9, 45, 59, 125, 147, 174-175, 191
Lebenszyklus 16-17, 36, 149, 163, 179, 181, 184
Legeröhre 120
Leuchtkäfer 36-39
Libellen 6, 13, 17, 109, 126-127, 129

M

Maden 16, 67, 120, 125, 161
Menschen 10, 140, 144, 145, 146, 147, 148, 149, 150, 170
Milben 145
Mimikry 7, 36, 40, 41, 42, 60, 61, 79, 115, 179
Mistkäfer 160-161
Mücken 148-149
Muskeln 8, 9, 25, 48, 76, 77, 79, 98, 107, 135, 136, 148, 190, 198, 199

Myriapoden 10
  siehe auch Hundertfüßer, Tausendfüßer

N

nachtaktive Tiere 25, 29, 31, 36, 41, 43, 52, 58, 59, 64, 68, 69, 70, 86, 104, 106, 107, 109, 119, 131, 132, 136, 146, 149, 150, 153, 158, 161, 174
Nachtfalter
  Hornissen-Glasflügler 60-61
  Nachtpfauenauge 46-47
  Schwärmer 68-69
  Seidenspinner 180-181
  Taubenschwänzchen 84-85
Nahrung
  abgestorbene Pflanzenteile 21, 27, 49, 57, 78
  andere Tiere 21, 25, 31, 35, 36, 45, 52, 57, 59, 64, 67, 78, 87, 89, 97, 99, 104, 106, 109, 111, 115, 116, 119, 120, 122, 125, 126, 131, 133, 135, 136, 157, 158, 163, 183, 184, 195, 202
  Blätter 27, 30, 41, 42, 47, 62, 69, 70, 75, 85, 124, 180, 191
  Blut 9, 77, 144, 150
  Honigtau 67
  Nektar 32, 45, 55, 67, 68, 75, 78, 85, 94, 120, 125, 149, 156, 170, 178, 184
  Pflanzensaft 7, 9, 76, 77, 120, 168, 189, 198, 199
  Pilze 57, 165
  Pollen 94, 95, 157
  Wurzeln 97
Nahrung aufnehmen 45, 76, 92, 109, 132, 141, 144, 149, 150, 158, 187, 190
Nerven 8, 37, 98, 137, 181, 191
Nester 44-45, 77, 80, 94, 156, 157, 164-165, 170, 179, 183, 184-185, 189
Netze 81, 98, 99, 100, 104, 105, 111, 113, 146

P

Palpen 52, 53, 132, 147, 148, 191, 195
Parasiten 144, 156
Pheromone 47, 171
Puppen 16, 17, 149, 161, 163, 179, 181, 184

R

Raubwanzen 116-117, 150-151
Raupen 16

Nachtfalter 7, 13, 47, 60, 69, 85, 142-143, 180-181
  Tagfalter 16, 27, 32, 55, 75, 178-179
Riesenwanzen 202-203
Riesenwetas 30-31
Ruderwanzen 13
Rüssel, Insekten 9, 35, 109, 116, 145, 198, 202
Rüsselkäfer 7, 62-63

S

Savanne 21
Schaben 152-153
Schäden anrichten 62, 63, 152, 190, 193
Schaumzikaden 76-77
Scheren 11, 29, 136, 137
Schleim 106, 107, 164
Schmetterlinge
  Königin-Alexandra-Vogelflügler 32-33
  Monarchfalter 16-17, 74-75
  Morphofalter 26-27
  Waldgeist 54-55
  Wiesenknopf-Ameisenbläuling 178-179
Schnabelkerfe 9, 35, 76, 116, 198-199
Schwänzeltanz 171
Schwärme 29, 143, 165, 182, 191, 193, 199
Schwebfliegen 78-79, 123
Schwingkölbchen 79
sehen
  Hundertfüßer 86
  Insekten 57, 91, 114, 126, 187
  Spinnentiere 81, 83, 104
Seide 10, 52, 80, 81, 99, 100, 104, 111, 119, 146, 180-181
Seidenspinner 180, 181
Skorpione 11, 17
  Kaiserskorpion 136-137
Soldaten 164, 165, 167, 182, 183, 188
Speichel 35, 53, 98, 109, 116, 141, 148, 149, 150, 191, 202
Spinnen 10, 17, 98-99, 147
  die größte 24-25
  Falltürspinne 118-119
  Große Winkelspinnen 98-99, 100
  Jagdspinnen 14-15
  Keschespinnen 104-105
  Krabbenspinnen 122-123
  Pfauenspinnen 80
  Radnetzspinnen 111
  Riesenvogelspinnen 24-25
  Schwarze Witwen 147
  Speispinne 131

Springspinnen 80-83
Trichternetzspinnen 146-147
Vogelkot nachahmen 7
Vogelspinnen 25, 124
Wanderspinnen 147
Wasserspinnen 176-177
Wespenspinnen 110, 111, 113
Wolfsspinnen 194-195
Spinnentiere 144
  siehe auch Skorpione, Spinnen
springen 76, 77, 80, 81, 83
Stabschrecken 42-43
Stacheln 11, 16, 94, 114, 125, 132, 135, 137, 142, 143, 184
Stummelfüßer 106-107

T

Tarnung 7, 27, 40-41, 42, 63, 69, 81, 104, 114-115, 122, 147, 195
Tausendfüßer 10, 22-23
Termiten 164-167
tropische Insekten und andere Gliederfüßer 21, 25, 26, 28, 32, 41, 45, 49, 52, 55, 63, 69, 70, 106, 115, 135, 136, 142, 148, 150, 153, 180, 183, 189

U, W

Überwinterung 176
Wachstum 16-17, 23, 30, 34, 47, 48, 60, 64, 79, 152, 157, 161, 180, 181, 197, 199
Wandelnde Blätter 40-41
Wanderungen 55, 74-75, 85, 183
Wärme wahrnehmen 144, 148, 150
Wasserläufer 34-35
Weberknechte 28-29
Wespen 8-9, 142
  Faltenwespen 184-187
  Goldwespen 156-157
  Schlupfwespen 120-121
  Tarantulafalken 124-125
  Zwergwespen 66-67
winzige Gliederfüßer 92-93
wirbellose Tiere 8-9
Wüstenheuschrecken 16-17, 190-193

Z

Zecken 144-145
Zikaden, Periodische 198-199, 201
Zungen 68, 69, 84, 85, 171, 178
Zwergwespen 66-67

DANK UND BILDNACHWEIS

Der DK Verlag dankt Anjana Nair, Amit Varma und Charvi Arora für die Unterstützung der Herstellung; Surya Sarangi für zusätzliche Bildrecherche; Steve Crozier für das Retuschieren; Bharti Bedi für die Lektoratsassistenz; Carron Brown für das Erstellen des Registers.

Der Verlag dankt folgenden Personen und Organisationen für die freundliche Genehmigung zum Abdruck von Fotos:

(Abkürzungen: o = oben; u = unten; m = Mitte; g = ganz; l = links; r = rechts,)

4 Corbis: Wouter Pattyn/Buiten-beeld/Minden Pictures (mro). **Nicky Bay:** (om). **5** Ireneusz Irass Waledzik: (mlo). **Thomas Marent:** (om). **6** Ryan Jayawardena: (ul). **6-7 Science Photo Library:** Gilles Mermet. **7** Alexander Hyde: (mru). **Thomas Marent:** (ur). **Nicky Bay:** (gor). **Igor Siwanowicz:** (mro). **8 Nicky Bay:** (mlu). **Alex Wild/myrmecos.net:** (ul). **9** OceanwideImages.com: (mru). **10** Alexander Hyde: (ur). **Dreamstime.com:** Pzaxe (m). **11 123RF.com:** Cosmin Manci (um); Parmoth Hongtong (gor). **Dreamstime.com:** Amwu (ml). **13 Dreamstime.com:** Alessandrozocc (um). **Getty Images:** Stephen Dalton (ml). **Melvyn Yeo:** (mr). **14-15 naturepl.com:** Alex Hyde. **16 Alamy Images:** Survival-photos (ul). **Brian Parsons:** (m). **naturepl.com:** Alex Hyde (om). **Nicky Bay:** (gr, gor). **16-17 Corbis:** Ingo Arndt/Minden Pictures (m). **Dreamstime.com:** Stevenrussellsmithphotos (um). **17 Getty Images:** Laura Berman/Design Pics (gor). **Nicky Bay:** (gol, gl, m). **21 naturepl.com:** Nature Production (mro). **22-23 Dreamstime.com:** Mgkuijpers. **23 Corbis:** Wolfgang Kaehler (mr). **24-25 Dreamstime.com:** Mgkuijpers. **25 naturepl.com:** MYN/Andrew Snyder (mr). **26 Science Photo Library:** Jerzy Gubernator (um). **27 FLPA:** Ingo Arndt/Minden Pictures (um). **Photoshot:** Adrian Hepworth (mro). **Science Photo Library:** Dirk Wiersma (gom). **28-29 naturepl.com:** Philippe Clement. **29 Dreamstime.com:** Henrikhl (mr). **30 Masterfile:** Minden Pictures (m). **30-31 Rod Morris Productions. 32 Dorling Kindersley:** Natural History Museum, London (um). **32-33 naturepl.com:** Steven David Miller. **34 Corbis:** Dennis Kunkel Microscopy, Inc./Visuals Unlimited (ml). **34-35 Nicky Bay. 35 123RF.com:** Dmitry Knorre (gor). **naturepl.com:** Jan Hamrsky (ur). **36 SuperStock:** Universal Images Group (ur). **38-39 Getty Images:** Thunderbolt_TW (Bai Heng-yao) photography. **40-41 naturepl.com:** Nature Production. **41 Dreamstime.com:** Isselee (mru). **42 OceanwideImages.com:** (ml). **42-43 OceanwideImages.com. 44-45 SuperStock:** Minden Pictures. **45 SuperStock:** Minden Pictures (mr). **46-47** Igor Siwanowicz. **47 naturepl.com:** Robert Thompson (mr). **48-49 SuperStock:** Imagemore (m). **49 123RF.com:** Eric Isselee (mr). **Fotolia:** Eric Isselee (gor). **naturepl.com:** Jabruson (ur). **Science Photo Library:** Patrick Landmann (um). **50-51 naturepl.com:** Kim Taylor. **53** Christian Kronmuller: (gol). **54-55 Alamy Images:** Living Levels Photography. **55** Alex Wild/myrmecos.net: (mr). **56-57** Nicky Bay. **57** Nicky Bay: (mr). **58-59** Nicky Bay. **59** Nicky Bay: (mr). **60 Corbis:** Ingo Arndt/Minden Pictures (ml). **60-61** Lukas Jonaitis. **62-63** Igor Siwanowicz. **62 Corbis:** Solvin Zankl/Visuals Unlimited (mru). **naturepl.com:** Kim Taylor (m). **63 Alamy Images:** Arto Hakola (mru); Xunbin Pan (mro). **Corbis:** Mark Moffett/Minden Pictures (ur). **Dorling Kindersley:** Thomas Marent (m). **64** Kurt-orionmystery.blogspot.com: (ml). **64-65** Kurt-orionmystery.blogspot.com. **66-67 Science Photo Library:** Dr. Harold Rose. **67** Hisako Ricketts: (mr). **69 SuperStock:** Minden Pictures (gol). **70 Science Photo Library:** Barbara Strnadova (m). **70-71 Masterfile:** Minden Pictures. **74-75 National Geographic Creative. 75 Alamy Images:** Greg C. Grace (m). **75 Alamy Images:** The Natural History Museum (ml). **76-77 SuperStock:** Biosphoto. **77 naturepl.com:** Simon Colmer (gom). **Science Photo Library:** AMI Images (m). **78 Alamy Images:** Bob Gibbons (mru). **Warren Photographic Limited:** (um). **79** Nicky Bay: (mru). **80 Dreamstime.com:** Earlydawnphotography (mlu). **Jurgen Otto:** (ml). **80-81 123RF.com:** Noppharat Prathumthip. **81** Alan Henderson: (gom). **82-83** Thomas Shahan. **84-85 naturepl.com:** Rolf Nussbaumer (m). **85 FLPA:** Cisca Castelijns, NiS/Minden Pictures (m). **86 Corbis:** Nicky Bay/National Geographic Creative (mlu). **86-87 Dreamstime.com:** Sergej Kondratenko. **87 123RF.com:** Song Qiuju (gor). **Ashok Captain:** (m). **88-89** Roy Anderson. **89 naturepl.com:** Kim Taylor (mr). **90-91** Svatoslav Vrabec. **92 Science Photo Library:** Eye of Science (gol, um); Steve Gschmeissner (gom). **92-93 Science Photo Library:** Eye of Science (m). **93 Science Photo Library:** John Walsh (gor). **94 Corbis:** Jef Meul/NiS/Minden Pictures (ml). **94-95 Corbis:** Jef Meul/NiS/Minden Pictures. **96-97** Nicky Bay. **97 Corbis:** Paul Starosta (mru). **98 Alamy Images:** dpa picture alliance (ml). **99 Science Photo Library:** Power and Syred (gor); Steve Gschmeissner (mru). **100-101 Alamy Images:** Brian Hewitt. **104** Nicky Bay: (ml). **104-105** OceanwideImages.com. **106** Paul Starosta/John Downer Produ (m). **106-107** Nicky Bay. **107 naturepl.com:** Alex Hyde (gor). **Science Photo Library:** Alex Hyde (om). **108-109** Thomas Shahan. **109 Dreamstime.com:** Stig Karlsson (mr). **110-111 FLPA:** Â © Biosphoto, Roger Dauriac/Biosphoto. **111 Getty Images:** Amanda Sweet/EyeEm (m). **112-113** Nicky Bay. **114-115 Corbis:** Alex Hyde/Nature Picture Library. **115 Alamy Images:** Life on white (um); Nature Picture Library (gol). **Igor Siwanowicz:** (um, m, om). **116 Photoshot:** James Carmichael Jr (ml). **116-117** John Flannery. **118-119 FLPA:** Photo Researchers. **119 naturepl.com:** Barry Mansell (mr). **120 Corbis:** Michael Durham/Minden Pictures. **120-121 FLPA:** Chien Lee/Minden Pictures. **122 123RF.com:** Christian Musat (ml). **122-123 Corbis:** Wouter Pattyn/Buiten-beeld/Minden Pictures. **124-125 Alamy Images:** Robert Shantz. **125 Dreamstime.com:** Robert Hamm (m). **127 Dreamstime.com:** Artjazz (ur). **128-129 FLPA:** ImageBroker. **130-131** Robert Suter. **131 Alamy Images:** Hemis (m). **132 Alamy Images:** Robert HENNO (ml). **132-133** Igor Siwanowicz. **133 Dreamstime.com:** Catalinc (mru). **Jan Hamrsky:** (um). **134-135** Alex Wild/myrmecos.net. **135** D. Magdalena Sorger: (mr). **136 Photoshot:** NHPA (ml). **137 Science Photo Library:** Natural History Museum, London (mru). **V.Trailin:** (mro). **140 FLPA:** Konrad Wothe/Minden Pictures (ml). **140-141** Ireneusz Irass Waledzik. **142 Dreamstime.com:** Tzooka (ml). **142-143** Igor Siwanowicz. **143 Alamy Images:** imageBROKER (um/Widderchen). **FLPA:** Photo Researchers (ur). **Getty Images:** Danita Delimont (ul). **Mark Moore, Moore Live Images:** (gor). **Science Photo Library:** Dr. Jeremy Burgess (um). **144 Alamy Images:** Photosampler (mru); Scott Camazine (ml). **144-145 MacroscopicSolutions. 145 Corbis:** David Scharf (gom). **Science Photo Library:** Cloud Hill Imaging Ltd. (mru); Natural History Museum, London (mro); Power and Syred (ur). **146** Alex Wild/myrmecos.net: (ml). **146-147** Alex Wild/myrmecos.net. **147 Alamy Images:** age fotostock (gor). **Michael Doe:** (gol). **Rodrigo Viveros Agusto:** (mru). **SuperStock:** Animals Animals (mro). **W. Wuster:** (ur). **148 Science Photo Library:** Steve Gschmeissner (ml). **149 Alamy Images:** Stocktrek Images, Inc. (mru). **Warren Photographic Limited:** (ur). **150 naturepl.com:** Daniel Heuclin (ml). **150-151 naturepl.com:** Daniel Heuclin (ur). **152** Alex Wild/myrmecos.net: (m). **152-153 123RF.com:** Mr. Smith Chetanachan (m). **153 FLPA:** Gerard Lacz (gom/Fauchschabe). **Masterfile:** Minden Pictures (gom). **Nicky Bay:** (mru, gor). **156 Photoshot:** M. I. Walker/NHPA (mlu). **156-157 naturepl.com:** Alex Hyde. **157 Alamy Images:** The Natural History Museum (gol). **FLPA:** Jeremy Early (gor). **158 SuperStock:** imageBROKER (ml). **158-159** Svatoslav Vrabec. **161** David Gould/naturespot.org.uk: (um). **Dreamstime.com:** Nolte Lourens (ul). **162-163** Mark Leppin. **163** Ron Hay, Greater Napanee, Canada - www.megapixeltravel.com: (mr). **164 Corbis:** Peter Johnson (mlu); Radius Images (m). **165 Corbis:** Anthony Bannister/Gallo Images (ur). **Getty Images:** Mark Moffett (gom). **166-167 Corbis:** Ch'ien Lee/Minden Pictures. **168 Getty Images:** arlindo71 (ml). **168-169** Hubert Polacek. **170 Alamy Images:** Phil Degginger (mlu). **Ardea:** Steve Hopkin (ml). **170-171 Dreamstime.com:** Isselee. **171 Corbis:** Paul Starosta (mro). **172-173** Alex Wild/myrmecos.net. **174 Getty Images:** Mark Moffett (ml). **174-175 Ardea:** Karl Terblanche. **176 Alamy Images:** imageBROKER (ml). **176-177 Getty Images:** Robert F. Sisson. **178 Alamy Images:** Paul R. Sterry/Nature Photographers Ltd (ml). **Peter Eeles/UK Butterflies:** (m). **178-179 Corbis:** Michel Gunther/Copyright : www.biosphoto.com/Biosphoto. **179 Ardea:** John Mason (om). **National Geographic Creative:** (m). **181 Corbis:** Christophe Loviny (um). **Getty Images:** baobao ou (gom). **182-183 Photoshot:** K. Wothe. **183 Dreamstime.com:** Ryszard Laskowski (mr). **185** Judy Gallagher: (gor). **186-187** Dusan Beno. **188-189 Corbis:** Mark Moffett/Minden Pictures. **189 Robert Harding Picture Library:** Konrad Wothe (mr). **191 The American Association for the Advancement of Science:** Steve Rogers (mlo); Tom Fayle (gom). **Warren Photographic Limited:** (um). **192-193 naturepl.com:** Mike Potts. **194-195** Nicky Bay. **195 Getty Images:** David Chambon Photographie (ur). **196-197 Rex Shutterstock:** F1 Online. **197** Nicky Bay: (m). **198 Alamy Images:** Jim Lane (ml). **198-199** Alex Wild/myrmecos.net. **199 Alamy Images:** B. Mete Uz (um). **Corbis:** Mitsuhiko Imamori/Minden Pictures (ur). **200-201** Thomas Marent. **202-203 naturepl.com:** Nature Production. **204 Corbis:** Alex Hyde/Nature Picture Library (gor). **206 Alamy Images:** Living Levels Photography (gor). **FLPA:** Â © Biosphoto, Roger Dauriac/Biosphoto (gor); ImageBroker (m). **208 SuperStock:** Minden Pictures (gor).

Cover: Hinten: Dreamstime.com: Dmitry Kushch (Hintergrund); **FLPA:** ImageBroker m; **Getty Images:** Karthik photography mgr; **Melvyn Yeo:** mr (Stummelfüßer); **Rex Shutterstock:** F1 Online ml.

Alle anderen Abbildungen © Dorling Kindersley Weitere Informationen unter www.dkimages.com